# エレメンタル現代経済学

金子 邦彦 編著

晃 洋 書 房

## は　し　が　き

　本書は，故・大石泰彦東京大学名誉教授が経済学学習の初学者向けに編集されて好評を博された『エレメンタル近代経済学』英創社，1994年初版，1996年第2版を，その後の理論的並びに現実的進展を踏まえて修正をほどこし，約20年ぶりに出版したものであります．

　きっかけは，晃洋書房の井上芳郎さんから突然電話があり，研究室で初めてお目にかかった折，『エレメンタル近代経済学』をアレンジして復活させたいので，その現代版を編集してくださいませんかとの思いがけない申し出でありました．生前の大石先生には，先生主宰の「貯蓄経済理論研究会」で適切なアドバイスを受けるなど一方ならぬお世話になるとともに，『エレメンタル近代経済学』の第5章「お金の流れのしくみ──金融の理論──」の執筆を強く依頼されて担当させていただいたこともあり，学恩にささやかながら報いるべく，僭越ながらお引き受けした次第です．

　本書は『エレメンタル近代経済学』の章立てを基本的に踏まえながら，第1章「経済学を学ぶ意義」から始まり，第2章「ミクロ経済学」，第3章「マクロ経済学」，第4章「貨幣と金融の理論」，第5章「公共経済の理論」，第6章「景気変動の理論」，第7章「国際経済の理論」，そして最新のトピックスとして新たに第8章「行動経済学」を付け加えて，構成されております．

　編集方針としては，旧版同様に経済学学習の初学者向けを強く意識して，数式展開を出来るだけ避け，表現も平易にするようにし，読者のみなさんが手に取ったとき，容易に理解しうるように努めました．

　執筆者各位は，私の編集意図を十分に理解してくださり，日頃書きなれておられるそれぞれの研究論文とは大きく異なり，読者にとって平易な文章になっていると確信しております．

　晃洋書房の井上芳郎さん，吉永恵利加さんには，私にとって不慣れな執筆者との連絡・調整や編集作業をお手伝いくださり，大変お世話になりました．本

書が順調に出版できたのは，お二人のご尽力のおかげです．執筆者を代表して，厚く御礼申し上げます．

神田駿河台の研究室にて

金 子 邦 彦

# 目　　次

はしがき

## 第1章　経済学を学ぶ意義 ——————————— 1
　1．経済問題　　（1）
　2．市場経済　　（4）
　3．政府の役割　　（6）
　4．経済学の基本的な考え方　　（9）
　5．経済学の諸分野　　（13）
　6．経済学を学ぶ意義　　（16）

## 第2章　ミクロ経済学 ——————————— 17
　1．需要曲線と供給曲線　　（17）
　2．消費の基礎理論　　（20）
　3．最適消費計画　　（25）
　4．生産の基礎理論　　（30）
　5．長期企業の生産活動　　（40）

## 第3章　マクロ経済学 ——————————— 45
　1．経済の循環　　（45）
　2．価格調整モデル（古典派モデル）　　（50）
　3．数量調整モデル（45度線モデル）　　（55）
　4．IS-LM モデル　　（59）
　5．物価と失業　　（63）

## 第4章　貨幣と金融の理論 ―― 69

1. 貨幣と金融はなぜ必要か　(69)
2. 貨幣のさまざまな機能　(71)
3. 貨幣に対する需要　(71)
4. 貨幣の形態　(72)
5. 金融の機能と金融方式，金融取引　(73)
6. 金融市場　(74)
7. 各経済主体の金融行動　(77)
8. わが国金融システムの変遷　(80)
9. 金融政策とプルーデンス政策　(83)

## 第5章　公共経済の理論 ―― 89

1. 財政の現状　(89)
2. 市場の有効性　(91)
3. 政府の役割　(92)
4. 政府の失敗　(96)
5. 租税　(97)
6. 福祉国家と社会保障　(102)
7. 財政赤字　(106)

## 第6章　景気変動の理論 ―― 109

1. 景気変動について ―― 循環と成長 ――　(109)
2. 循環の種類　(109)
3. IS-LM 体系の動学分析　(111)
4. S字型投資関数　(113)
5. IS-LM 体系と景気循環の可能性　(114)
6. フィリップス曲線　(114)
7. インフレ供給曲線，インフレ需要曲線と期待形成　(116)
8. 期待と景気変動　(120)

9. 合理的期待形成と政策介入の無効性　(121)
10. ケインズ派の景気変動理論　(122)
11. 日本の景気変動と資産価格の形成　(128)
12. ハロッド・ドーマーの成長理論　(132)
13. 新古典派の成長理論　(133)
14. ラムゼーモデル──黄金律と最適成長理論──　(134)
15. 世代重複モデル──異時点間均衡──　(136)

# 第7章　国際経済の理論 ── 141

はじめに　(141)
1. 国際貿易の理論　(142)
2. 開放体系の国民所得決定　(145)
3. 国際収支　(146)
4. 外国為替市場と為替レート　(150)
5. 開放体系の下におけるマクロ経済政策　(154)
6. 国際通貨と国際通貨システム　(160)
7. グローバル・インバランスの問題　(163)
おわりに　(165)

# 第8章　行動経済学 ── 169

1. 行動経済学とは　(169)
2. 二重プロセス理論とヒューリスティック　(171)
3. プロスペクト理論　(173)
4. 選好の状況依存性　(176)
5. 時間選好　(182)
6. 社会的選好　(186)
7. インセンティブ　(189)
8. 応用　(192)

# 第1章 経済学を学ぶ意義

## 1 経済問題

### (1) 日々の経済問題

わたしたちは日々経済問題に直面し，それを解決すべく経済活動を行っている．日々の経済活動から免れている人はいないといってよいであろう．たとえば，学生であれば，親からの小遣いや仕送り，アルバイト収入，さらには奨学金などの収入を，住居費，食費，交通費，教養娯楽費，スマホ料金など多様な商品やサービス（経済学では，財・サービスということが多い）の購入にどのように振り分けるのが自分にとって望ましいかをいろいろ考えながら，日々生活しているであろう．貯蓄もしたいとなれば，よりシビアに各支出を管理しなければならない．もう少し収入があったら，もっと生活が楽に楽しくなるのにとため息をつく学生も少なくないことだろう．こうした日々の経済問題に直面している経済主体は，より広く一般家計であるということができる．収入（所得）が少なくて，やりくりが大変だと悩んでいるのは，一般家計の方がより深刻かもしれない．そういえば，経済学（Economics）の語源はギリシャ語の「家政学」であるといわれている．

それでは，たとえば政府の政策などによって所得が大幅に増えたとすると，家計のやりくりといった経済問題はなくなるのだろうか．すべての家計が，やりくりなど考えずに望むだけの財・サービスへの欲求（経済的欲求）をいつも満たすことができるようになるのだろうか．残念ながら，そういった桃源郷はどうも起こりそうにないだろう．なぜなら，所得が増えていろいろな財・サービスを購入したい家計（人びと）が増えれば（つまり需要が増えれば），当初は財・サービスの生産も増え，供給量も増えるがそれにも限りがあるだろう．

いずれさまざまな価格が上昇して，購入をあきらめざるをえず，再びやりくりを考えなければならない家計も出てくるだろうからである．結局のところ，日々の経済問題がなくならないのは，所得が足らないということではなく，家計（人びと）の無限ともいえる経済的欲求を満たすには，財・サービスの量は不十分だからである．つまりは，わたしたちの世界は，欲しいものは何でも，苦もなく手に入るという桃源郷ではないのである．

### (2) 経済問題の本質

桃源郷ではないわたしたちの世界では，「無料のランチというものはない (There is no free lunch.)」という言葉が表わしているように，財・サービスはただではなく，それを手に入れるためには何らかの対価を払わなければならない．ただで手に入る財・サービスは，経済学では「**自由財**（free goods）」といわれる．自由財については，経済問題は存在しない．経済問題が生じるのは対価を支払う必要のある財，「**経済財**（economic goods）」の場合である．

かくて，経済問題が発生するのは，無限ともいえる家計（人びと）の経済的欲求を満たすのに十分な財・サービスが存在しない，言い換えれば，それだけの財・サービスを生産するのに利用できる資源は有限だからであるといえる．わたしたちの社会は，ただですべてが手に入る桃源郷にいるのではない以上，好むと好まざるにかかわらず，この有限な資源を使って，家計（人びと）の経済的欲求に応えなければならないという根本的経済問題を抱えているのである．この「**資源の希少性**」こそが，日々の経済問題が発生する根源にほかならない．

ところで資源の希少性のもとで生じてくる不可避的な問題は，ある経済的欲求を満たすために資源を使えば，その分だけ他の経済的欲求を満たせなくなってしまうという問題，すなわちトレード・オフの問題が生じることである．トレード・オフが存在するところには，あれかこれかという**選択**問題，すなわち意思決定問題が必然的に生じる．言い換えれば，希少な資源を使って，家計の経済的欲求を満たすために，どのような財・サービスをどれほど生産したらよいのかという問題である．

より詳しく述べれば，根本的経済問題とは，希少な資源を用いて，① 誰が，

② 何を，③ どれだけ，④ どのように，そして ⑤ 誰のために，生産するかという一連の意思決定の問題である．これは，大げさにいえば，人類が地球に出現して以来直面し続けてきた，そして今後も逃れることのできない問題であろう．この問題に対する科学的研究の試みが経済学であるともいえるだろう．

### (3) ミクロ経済学と金融

上記の経済問題は経済学では「**資源配分**（resource allocation）」の問題と呼ばれ，この問題を主要テーマとする経済学が，本書第2章で論じられているミクロ経済学である．ミクロ経済学では主に，ある一期間における資源配分の問題に焦点を当てるが，より長期の将来にまでわたる多数期間における資源配分の問題も当然ながら存在する．わたしたち家計は所得の一部を現在の消費に回さずに貯蓄し，銀行預金や株式や国債，社債（企業が発行する借用証書）などで運用して得られる将来収益を将来の消費に回そうとする．また企業や新しく企業を立ち上げようとする起業家は，銀行から借り入れたり，社債，さらには株式を発行したりして資金を調達し，事業を設立・継続・発展させ，事業から得られる将来収益の一部を使って借入金を返済しようとする．家計や企業の資金調達や返済といった経済活動は金融行動と呼ばれるものであり，金融市場は，言ってみれば，こうした現在から将来にわたる多期間の資源配分を行う場にほかならない．こうした金融行動や金融制度，さらには金融政策などを研究することは，後述する応用経済学の一分野を形成しており，本書では第4章で扱われている．

### (4) 経済学は選択の科学

この「資源の希少性」から発生する選択（意思決定）の問題は，財・サービスといった，経済的欲求とそれを満たすための希少な資源の配分問題に限るわけではない．たとえば早い話が，わたしたちには寿命がある．さらに，その時々にわたしたちが使える自分のエネルギーにも限りがある．わたしたちが生きている間にやりたいことや楽しみたいことをすべて実現するには，寿命やエネルギーは足りないともいえるだろう．つまり，人生の時間やエネルギーという資源はわたしたちの，経済的欲求だけでなく，さまざまな欲求に対して希少なの

である．したがって，限られた時間やエネルギーの中で何をやるかという選択の問題が存在する．その代表例は仕事をするか，余暇をとるかといった基本的な問題から，それにまつわる，さまざまな労働・余暇に関する選択であり，これも経済学の立派かつ重要な研究対象であり，労働経済学と呼ばれる専門分野を形成している．

考えてみれば，日々の経済問題はもちろんのこと，各人の人生そのものが，その時々の諸資源の諸制約のもとで自分の多様な欲求を満たすための選択（意思決定）の連続にほかならないといえるだろう．かくて，経済学を学ぶことは，どのようにすれば，自分の欲求（あるいは目的）にかなった，望ましい選択（意思決定）をすることができるかを学ぶことでもあるといえよう．

## 2 市場経済

### (1) 経済システム

根本的な経済問題である資源配分の問題を人類はさまざまな方法で解決を試みてきた．その解決策が経済システムにほかならない．たとえば，独裁体制や社会主義体制，あるいは共産主義体制はこれまで人類が試みてきた解決方法の諸例である．いうまでもなく，市場経済あるいは資本主義体制も，上記の経済問題に対するひとつの解決法である．社会主義・共産主義体制は，国が中央集権的に資源配分を計画・実行するという中央指令型の経済システムである．すなわち，**中央指令型経済システム**では，国の政策担当者が一国全体で，どの財・サービスをどれだけ生産し，また，誰がその生産を行い，誰が消費するかを，中央集権的に決定することになる．これに対して，資本主義体制は，資源配分の問題は，市場を通して，個々の家計や企業が自ら意思決定によって解決するという**分権型経済システム**である．共産主義体制や社会主義体制を採っていた多くの国は1990年代に入ってから崩壊し，現在の世界の大勢は市場経済あるいは資本主義体制に移行している．

### (2) 市場経済システム

市場経済では，多くの経済問題が市場という仕組みを通じて解決されている．

市場とは売り手と買い手がそれぞれの自由意思で，財やサービス，あるいはまた株式や債券などの金融資産の売買を行う場である．売り手と買い手が自由意思で自由に市場取引に参加できる前提として，資本主義体制では，私有財産権と利益追求の自由権（自由な取引の権利）という2大原則が確立されている．これは市場参加者がその自由意思で参加した市場取引の結果得た利益（私有財産）は他者によって不法に侵害されないことを保証する原則といえよう．この市場経済はまた自由競争経済ともいわれる．

　ところで，政府や共産党によって中央集権的に財・サービスの生産・分配計画が立案され，実施される社会主義・共産主義体制のほうが，市場参加者がそれぞれバラバラに自分で意思決定を行う資本主義体制より円滑に経済活動が行われるように思えるが，ソ連や東欧諸国の社会主義・共産主義体制の崩壊が示すように，実際はまさにその逆であった．

　市場経済において多数の市場参加者各自の意思決定の，いわばぶつかり合いを調整しているものが市場価格である．市場価格の変化を通して，買い手の意思決定（需要量）と売り手の意思決定（供給量）が等しくなる，言い換えれば市場が均衡するように調整されるのであり，これを市場の「**価格調整メカニズム**」と呼ぶ．これはまた，アダム・スミスによる「**見えざる手**」と呼ばれる機能である．

　市場参加者はそれぞれの自由意思で市場に参加するのであるから，いわば自立した経済主体であり，その取引から利益を得ることも，あるいはまた損失をこうむることもあるであろうが，その結果は個々の市場参加者の自己責任であることは当然であろう．それだけに，市場が何らかの力によって不法に操作されたり，誘導されたりすることなく，個々の市場参加者の自由意思が公正に取引に反映されるように，市場の環境整備・維持を行うことが重要である．

## (3)　市場の効率性——パレート効率的な資源配分

　経済学，その中でも市場の働きを研究対象とするミクロ経済学では，**完全競争**という条件下での市場の働きの有効性（市場の**効率性**）が理論的に認められている．完全競争市場というのは，簡単にいえば，価格を左右できるほどの規模を持たない小規模かつ多数の売り手と買い手が同質の財を取引する市場を意

味する．この完全競争という条件の下では，市場で需要量と供給量が一致する状況，すなわち市場均衡では，「**パレート効率的な資源配分**」が成立することが理論的にわかっている．パレート効率的な資源配分とは，「他の誰かの経済状況を悪化させることなしには，誰の経済状況も改善することができない」という意味で効率的な資源配分を意味する．すなわち，このパレート効率的な資源配分は，無駄に使われる資源はないという意味で，効率的なのである．ヴィルフレッド・パレートとは，この概念を初めて導入した経済学者・社会学者の名前である．

# 3 政府の役割

## (1) 市場の失敗

しかし，市場がすべての経済問題を解決できるとは限らない．「**市場の失敗**」といわれる問題である．その代表例のひとつが，大気，水質の汚染，生態系の破壊や温暖化などの環境汚染の問題である．あるいはまた，行政や警察，消防，公園などの公共サービス（**公共財**）の過小供給の問題である．これらの問題は，環境や公共サービスの利用に対して適正な利用料（価格）を決定することが市場の価格調整メカニズムだけでは難しいことから生じるので，「市場の失敗」と呼ばれている．そこで，市場に何らかの形で介入して，これらの市場の失敗を解決ないし軽減するのは政府（公共部門）の役割のひとつである．

さらにまた，市場による資源配分は資源配分の効率性は実現できるとしても，公平性を実現する保証はない．というのも，市場経済システムでは高い報酬（所得）を得られるかどうかは，どれだけ人びとが喜んでお金を払ってくれる財・サービスを提供できるかどうかにかかっているからである．したがって，市場経済システムでは，経済的格差（所得格差）が生じることはある意味で当然の帰結である．しかしその経済的格差がはなはだしくなると，いずれは社会不安の種となることもあり，課税や補助金による所得再分配政策によって，経済的格差の是正を図るなど，**所得分配**（income distribution）の**公平性**に注意を払うことも政府の重要な役割のひとつである．これらの問題に対してどのような政策

があるかについて考察するのも経済学の役割のひとつである．これらの問題のいくつかについては，本書の第5章の公共経済で議論されている．

公共部門に関する経済分析を行う公共経済学は，政府のやりくりを研究する，いわゆる財政学と，いわば親戚関係にあるともいわれる．政府のやりくりを論ずる財政学では，政府の予算，すなわち，収入（歳入）源にあたる租税や公債，支出にあたる政府支出（歳出）の内容（社会保障，教育文化，地方交付金等交付金，防衛費，国債費など）に関する詳細な分析や国家財政の制度的な側面の研究に重点が置かれているようである．

一方，公共経済学は，上記財政学と重なる研究トピックのほか，先述した市場の失敗に対する政策的対応，所得分配の公平性に関連して公的年金などにみられる世代間や個人間の所得再分配政策や地方間の所得再分配政策，あるいは，価格規制などの経済諸規制の経済的影響の分析などに重点を当てているといえよう．

### (2) 景気変動と経済成長

政府（中央銀行も含めて考える）はまた，一国全体の経済活動の変動（**景気変動**または**景気循環**）や趨勢的傾向（いわゆる**経済成長**）にも注意を払っている．経済が過熱してインフレーションが激しくなる兆しが見えたり，あるいは経済が不活発になり，失業が増大したり，デフレーションの状態になるような場合には，適切な景気（金融・財政）政策を立案・実施することが求められている．こうした一国全体の経済状況を分析対象とする分野はマクロ経済学と呼ばれ，先述したミクロ経済学と並んで，経済学の基礎を形成している．

そこで，ここではひとまず政府の役割から離れ，マクロ経済学とは何かについてみておこう．ジョン・メイナード・ケインズによって創始されたマクロ経済学は，一国経済の主要部門である，家計部門，企業部門および政府部門が，経済の主要な市場，すなわち生産要素（とくに，労働）市場，財・サービス市場および金融市場で行う経済行動の結果，一国経済の活動水準がどのように決まるかを研究する．一国経済の活動水準は，たとえば，財・サービス市場における財・サービスの生産額である**国内総生産**（GDP）や物価水準，労働市場における賃金水準や雇用水準，さらには金融市場における利子率の水準によって

測られる．マクロ経済学では，これらの経済活動の水準を示す主要な変数を利用して，それらの変数間の関係を数本の関係式にまとめた経済モデルを構築して，そのモデルの現実的妥当性を，経済データを用いて検証しながら，分析を進めていく．その経済モデルを使って，景気変動（すなわち好況・不況）や経済の趨勢的傾向である経済成長の原因を探り，その対抗策（景気政策や経済成長策）を検討する．本書では，第3章でマクロ経済学，第6章で景気変動が論じられている．

ところで政府の役割に戻って，現在の日本経済における経済政策といえば，2012年12月に成立した安倍政権の下での，「**アベノミクス**」と呼ばれる一連の経済政策が注目されている．周知のように，アベノミクスは3本の矢と呼ばれる，3つの政策からなっており，それは①異次元の大規模金融緩和という金融政策，②景気状況に応じた機動的な財政政策および③長期的な視野に基づく経済成長戦略である．①の金融政策については，消費者物価上昇率2％目標や大幅な（異次元の）金融緩和が，②では，公共投資拡大，東北大震災復興や防災強化および中小企業支援などが，また③では法人税引下げや規制緩和等による企業の投資促進，女性や若者の人材活用促進，農業，医療等の市場開拓などが挙げられている．

さらに，2015年9月には，安倍政権は，アベノミクスは第2ステージに入ったとして，「**1億総活躍社会**」の実現を目指して，新しい3本の矢を発表している．第1の矢では「希望を生み出す経済」の実現として，2020年にGDP600兆円を目指すとしている．第2の矢では「夢を紡ぐ子育て支援」の実現として，1.4という現在の出生率から1.8を目指すとしている．最後の第3の矢では，「安心につながる社会保障」の実現として，介護のための離職をゼロにすることを掲げている．このように，アベノミクスの第2ステージでは，通常の景気政策の範囲を超えて，国民の要望を土台に，政府が望ましいと考える将来の日本経済社会の在り方を目標に掲げていると考えられよう．これらの問題は，マクロ経済学や景気変動論だけでなく，公共経済学および一国経済の財政の在り方（財政学）にも深く関連している問題であることは明らかであろう．

## 4 経済学の基本的な考え方

### (1) ホモエコノミクス

経済学では，経済主体（家計や企業）は，経済活動において自分の利益や目的にかなうように合理的に行動すると考える．これは現在の経済学の基本的な前提であり，このように定義された経済主体を「**ホモエコノミクス**」と呼ぶ．経済学で取り扱う利益や目的は必ずしも経済的なものだけに限らないが，通常は経済的な利益や目的を想定して議論するのが一般的である．

たとえば，ホモエコノミクスである家計（消費者）は，さしあたり与えられた所得の制約のもとでさまざまな財・サービスを購入・消費することから得られる自分の生活の満足（経済学では，「**効用**」と呼ぶ）をできるだけ高めるように合理的に行動すると仮定される．つまり，消費行動の目的は自分の効用の最大化であり，その目的を与えられた所得と諸価格という制約内で実現するように，合理的に考えて各財・サービスを需要すると考える．

企業ならば，財・サービスを生産し，供給（販売）することから得られる自社の儲け（利潤＝売上額−生産費用）を最大化するように，合理的に生産・供給活動を行うと仮定する．すなわち，与えられた生産技術水準や賃金や原材料価格および生産物価格という制約のもとで，企業の目的である利潤を最大化するように合理的に行動するものと想定するのである．このように想定して分析することから，経済学とは「**制約付き最大化問題**」を解くことによってさまざまな経済行動を分析・解明しようとする学問であるといわれることもある．

### (2) 合理的行動と機会費用

経済主体が自分の利益を最大化するように合理的に行動するためには，それぞれの選択肢の費用（コスト）と利得（ベネフィット）を比較考量する必要がある．費用はその行動の抑制要因として，利得は促進要因として働くと考える．コストが上昇（ベネフィットが低下）すればその行動を回避するように動くし，ベネフィットが上昇（コストが低下）すればその行動を促進するように動くと考える．そして，選択の対象となっている代替的な諸行動のうち，利得から費

用を引いたネットの利得（純利得）が最大である行動を選択すると考える．経済学で考えるコストとベネフィットは通常金額で表示できる経済的コストとベネフィットであるが，心理的な費用や利得も，その大小が比較できるものであれば，経済学に取り入れることが可能である．

　ところで，費用については注意しなければならないことがある．それは，経済学では費用（コスト）は，基本的に「**機会費用**」でとらえるということである．ある行動の機会費用とは，その行動とは別の行動をしたときに得られる最大利得，あるいはその行動をするために放棄した最大利得である．たとえば，ある店のラーメンを800円で食べたとしよう．このラーメンを食べることから得られる利得はそのラーメンで空腹を満たし，ラーメンの味を楽しむことから得られる満足であろう．また，このラーメンの費用は800円であるが，機会費用で考えれば，それはそのラーメンを購入することで放棄した他の財の価値と考えることができる．この場合の機会費用はラーメンの価格800円，つまり通常の費用と一致していると考えられるが，そうではない場合もある．たとえば，4年制の大学に進学するという選択を考えよう．大学進学から得られる利得は大きく知的能力の向上や将来の高給などであろう．それでは，この選択行動の機会費用とは何だろうか．費用として浮かぶのは，4年間の学費，教材費，生活費などであろう．このうち，生活費などは大学進学を選択しなかったとしてもかかる費用であり，大学選択の費用には含まれないと考えられる．すると費用としては4年間の学費および教材費だけであろうか．ここで機会費用の考え方が重要になる．機会費用で考えたときに重要となる大学進学の費用項目は，大学に進学せずに4年間就業していたら得られたであろう所得なのである．つまり，大学に進学するかどうかの意思決定をするときに，この選択の費用の一部として，学費や教材費のほかに，この放棄した所得も考慮する必要があるということである．このように，重要な意思決定をする場合に，機会費用で考えるということは忘れてはならない大切なポイントである．

### (3)　限界分析

　合理的な消費者が財・サービスの消費からの満足（効用）を最大化したり，企業が生産物を生産・販売して利潤を最大化したりする場合に，経済学では「限

界分析」が使われる．たとえば，ある財・サービスの消費を1単位増加したときに得られる消費の効用の変化分を「**限界効用**」という．この考え方を使って，どのようなときに消費者が効用を最大化しているかを簡潔に説明することができる．それは次のような場合である．与えられた所得を使って，さまざまな財・サービスについて，追加的に1円分消費を増やしたときの限界効用（効用の増分）が等しくなっているときである．そうならない場合には，効用の増分が低い財・サービスの消費を減らし，効用の増分が高い財・サービスの消費を増加させることで，効用を増加させることができる．

また，ある財を生産している企業の場合には，財の生産を1単位増加させるときにかかる費用の増分（「**限界費用**」）が，財の販売を1単位増やしたときに得られる収入の増分（「**限界収入**」）が等しくなる場合に限って，利潤を最大化しているということができる．限界収入が限界費用よりも高い（低い）場合には，財の生産を増加（減少）させることで，利潤（限界収入－限界費用）を増やすことができるからである．こうした議論は第2章のミクロ経済学で見られるであろう．

さらにマクロ経済学においても，限界という考え方は重要な役割を果たしている．たとえば，所得が1単位増えたときに消費をどの程度増やすかという概念を「**限界消費性向**」というが，これはマクロ経済学で景気政策がどの程度有効かを判断する際に決定的に重要になる概念である．

## (4) 経済学があまり好かれないのは？

以上で見てきたように人間の行動を費用と利得という損得勘定，あるいは経済的要因だけで理解しようとするのが経済学であるが，その点が，経済学があまり好かれない要因のひとつなのかもしれない．しかし，これまでに蓄積されてきた経済学の研究から，このような，ある意味で単純なモデルで，人間のさまざまな行動を説明することができ，さらに予測もある程度可能であることがわかっており，さらに一見経済行動とは見られていない結婚や犯罪などの社会現象や投票行動などの政治行動，あるいはまた，法や契約と経済行動といった法律関連の諸問題にも有効なモデルとして利用されている．経済学が他の社会科学の諸分野に進出していく，こうした現象を評して，「経済学帝国主義」と

やゆされることもある．しかしこうした現象は経済学が，経済的な利益や目的に関する行動だけに適用可能というわけでなく，他のさまざまな利益や目的に関する行動に対しても，各行動選択肢の費用と利得を特定化することを通して適用可能であることを示しているといえる．

ホモエコノミクスは自分の利益（効用）のみの最大化を考えているという点も，それが利己的であるとして，経済学が好かれない要因のひとつかもしれない．しかし考えてみると，経済学は，何が自分の利益（効用）なのかについてはあまり限定してとらえていないことがわかる．それを決めるのは当の経済主体であるといえよう．経済学は，当の経済主体が決めた利益や目的を与えられたものとして，その最大化行動を分析・解明するだけであるともいえる．たとえば，自分の子供の満足や幸せがそのまま親である自分の効用になることは十分あり得ることだし，寄付をすることで何か良いことをしたという満足感も自分の効用とみなすことができるだろう．したがって，ホモエコノミクスは自分の利益の最大化をはかる経済主体と定義したが，それは必ずしもホモエコノミクスが利己的であるということを意味しているわけではないのである．さらに，効用の中身は，経済的なものだけでなく，心理的，精神的，さらには芸術的な意味での満足や心地良さなども取り入れることは理論的には可能であり，このことは経済学の分析手法の高い適用可能性を示唆しているといえよう．

## (5) 短期分析と長期分析

経済学では，分析を行う際に想定する時間的長さによって，短期分析と長期分析に分けることがある．たとえばミクロ経済学では，企業が保有する工場数や機械設備などの固定資本を一定であると仮定して分析する場合を「**短期分析**」と呼び，固定資本自体を変化させることが可能なほど長い期間を仮定して分析する場合を「**長期分析**」と呼んで区別している．マクロ経済学では，短期分析とは，現在直面している景気循環に集中して行う分析であり，その時間的視野は1，2年程度といわれている．これに対して長期分析とは，短期分析では一定と仮定されている技術水準や人口，資本設備が，それぞれ趨勢的に変化する場合の経済活動の変化，言い換えれば経済成長を対象に行う分析に対応する．

## (6) 実証的分析と規範的分析

　経済学では多くの場合，個々の市場や経済全体の現状がどうなっているかという客観的事実を調べ，経済主体はホモエコノミクスであるという基本的前提を基礎として，収集した客観的事実にどのような関係やメカニズムがあるかを理解しようとする事実解明的なアプローチをとっている．たとえば，価格が下落（上昇）すればその財に対する需要量は増加（減少）するという「需要法則」や価格が下落（上昇）すればその財の供給量は減少（増加）するという「供給法則」は，そうした事実解明的アプローチによって得られた知識である．このような経済学の事実解明的なアプローチは「**実証的分析**」ともいわれる．実証的分析で得られた知識については，原則として，その妥当性を，データ（証拠）をもって検証することができる．

　また経済学では，さまざまな経済政策や制度改革についてその是非を検討・議論することがある．たとえば，金利の上限規制強化，貿易の関税撤廃，あるいは最低賃金の引上げなどについて，それらの政策が望ましいかどうかを検討する，あるいは問うといった場合である．こうした経済学の分析は，最終的には，社会倫理や政治哲学など，なんらかの価値基準が加わって行われることになるため，「**規範的分析**」といわれる．規範的分析を行う場合には，実証的分析を前提とすることが求められる．たとえば，最低賃金の引上げという政策の是非を議論する場合，最低賃金引上げが労働市場にどのような影響を与えるかについての実証的分析を踏まえた上での規範的分析でなければならないであろう．

# 5　経済学の諸分野

## (1)　経済学の基礎——ミクロ経済学とマクロ経済学

　経済学にはさまざまな分野がある．まず，経済学の基礎と考えられている2つの分野が，先述したように，ミクロ（微視的）経済学とマクロ（巨視的）経済学である．ミクロ経済学は微視的と名付けられているように，ひとつの市場，たとえばある一財の市場に注目し，その需要者である家計の行動と供給者である企業の行動を分析して，どのようにして価格が決まり，需要と供給が調整さ

れるかという市場の価格調整メカニズムとその諸特徴を分析・解明する分野である．このように，他のすべての市場を所与として，ひとつの市場のみに焦点を当てて分析を行うアプローチを「**部分均衡分析**」という．これに対して，市場間の関係を考慮に入れてすべての市場を同時に，つまり，市場から見た経済全体を分析するアプローチを「**一般均衡分析**」という．

　最近のミクロ経済学では，**ゲーム理論**が重要な位置を占めるようになっている．ゲーム理論では，たとえば企業間の競争で，相手企業の出方（相手企業のとる戦略）によって自社の利益が変化するような状況で，どのような行動（あるいは戦略）をとればよいかを理論的に考察・研究する．このような場合，企業は相手企業の出方を予想したうえで，自社の行動を決める必要がある．こうした状況は「戦略的状況」と呼ばれる．戦略的状況は，企業間だけでなく，個人間はもちろん，社会における多くの関係において発生する．したがって，戦略的状況下での望ましい行動（戦略）を論じるゲーム理論が適用できる分野は広く，ミクロ経済学において重要な分析手法になってきている．

　マクロ経済学は巨視的と名付けられているように，個々の市場には焦点を置かず，経済を少数の大きな市場（たとえば，財・サービス市場，労働市場および金融市場）から成るとみなして，市場間の相互関係を，経済モデルを構築して明らかにしながら，一国経済全体の動きを分析・解明する分野である．したがってマクロ経済学が対象とするのは，GDP，GDPの変動，インフレーションやデフレーション，失業率や利子率などである．いうまでもないことだが，グローバリゼーションの時代である現代では，景気循環に代表される一国の経済変動は，当然ながら貿易や資本取引などの国際取引とも密接に関係しており，景気変動など一国経済の動きを理解するためには，国際取引をも考慮した経済モデル（開放経済モデル）を構築して，分析する必要がある．したがって，現代では，マクロ経済学に加えて国際経済の制度や理論に関する基礎的知識，すなわち国際経済学の基礎知識が欠かせなくなっている．国際経済学は本書の第7章で論じられている．

　また，最近の経済学の基礎には，ミクロ経済学，マクロ経済学に加えて，計量経済学の基礎部分が含まれるようになりつつある．計量経済学とは，さまざまな経済データを統計的に処理・分析して，経済現象の諸特徴を客観的に把握

したり，経済学の諸理論が実際の経済で成立しているかどうかを統計的に検証したりする統計的手法の研究・開発を行う分野である．統計的手法のコンピューター・ソフトが普及してきており，計量経済学の基礎を学べば，手軽に統計分析が行える環境が整いつつある．

## (2) 応用経済学の分野

ミクロ経済学とマクロ経済学を基礎として，その上に，それらを用いて，経済の特定分野を取り上げて研究する多くの応用経済学の分野がある．たとえば，上で触れた国際経済や，公共経済（あるいは財政），金融，労働，産業組織，情報，医療，環境など多様な分野がある．こうした応用経済学を学ぶためには，ミクロ経済学，マクロ経済学の知識が必要不可欠であり，その意味でも，まず基礎であるミクロ経済学とマクロ経済学をじっくり学ぶことが大切である．そしてさらに，経済データを使った統計的検証を行うためには計量経済学の基礎を学ぶことも必要である．本書の諸章は，上記に挙げた，いくつかの応用経済学分野での基本を理解することを目指しているといえよう．

## (3) 新しい経済学──実験経済学と行動経済学

最近では，経済現象を屋内や屋外で実験を行って，経済学の諸仮説を検証したり，あるいはまた新たな経済行動のパターンを見い出そうとする「実験経済学」という分野が発展している．たとえば，人工的に設定したさまざまな株式市場で，被験者に株式売買を行ってもらい，株価がその適正価格から大きく外れる，バブルと呼ばれる現象が発現する場合があることを確認し，それがどのような市場設定で発現しやすいのかを調べるなど，バブルの原因を探る研究を行っている．また，仮想的な商品の市場を設定して，被験者に自由に売買を行ってもらった結果のデータが，先述したパレート効率を満たしているかどうか，言い換えれば，市場メカニズムが予想通り円滑に機能しているかどうかを検証する実験なども多く行われている．

また，合理的なホモエコノミクスならば犯さないようなさまざまな判断や行動における誤り（アノマリーと呼ばれる）を実際の人間（ホモサピエンス）が犯していることを行動観察や実験，アンケートなどによって確認し，そうした

アノマリーも含めて，より実際に近い人間の行動を説明しようとする「行動経済学」も発展している．行動経済学は，普段よく観察され，多くの人が経験しているが，現在の標準的な経済学では必ずしもうまく説明できないような人間の，一見非合理にも見える判断や行動について研究することを通して，経済学の適用可能領域を拡げるうえで大きな貢献が期待されている．詳しくは本書の第8章を読まれたい．

## 6 経済学を学ぶ意義

　本章では，日々の身近な経済問題から始まって，経済学とは，どのような問題をどのような視点から分析しようとしているかという，現代の経済学の基本的な部分を取り上げて，説明してきた．本書の第2章から第8章は，経済学の基礎といくつかの重要な応用分野を学習できるように構成されている．第2章ミクロ経済学，第3章マクロ経済学は現在の経済学の基礎ともいえる章であり，それ以降の6つの章は，それぞれ主要な応用経済学に充てられている．本書の特徴のひとつは，第8章の行動経済学であろう．行動経済学は比較的最近注目されてきた分野で発展が期待されており，将来の経済学の基礎的部分となる可能性もある．本書はそうした可能性を先取りしたものということができよう．

　グローバリゼーションが進む現代では，日々の身近な経済問題だけでなく，間接的に自分に影響を及ぼすような一産業レベル，一国経済全体レベルさらには世界経済レベルでの経済問題（現象）を的確に理解することは，生活人として，社会人として生きていく上で必要不可欠となっている．本書はそのために必要不可欠な経済学の基礎を身につけるうえで役立つものと信じる．

　さらには，選択（意思決定）の科学ともいえる経済学の基本的な手法や考え方を学ぶことは，中長期的に自分の人生を適切に設計し，その実現に向けて行動するための一助としても役立つものと確信している．本書が日々の経済問題だけでなく，また一国経済さらにはグローバル経済の動きを理解する上で役立つだけでなく，読者各位の人生の目標実現に向けても役立つものとなることを祈っている．

# 第2章 ミクロ経済学

## 1 需要曲線と供給曲線

　経済社会では，財やサービスが取引される．たとえば机や鉛筆などのように形があるモノを「財」と表現し，それとは別に，たとえば医者の診察や探偵の調査などのように形のないモノを「サービス」と表現する．

### (1) 個別の需要曲線，供給曲線

　需要曲線とは，消費者の欲する心理を表わした曲線であり，供給曲線とは，生産者の提供したい状態を表わす曲線である．消費者理論，生産理論の基本的説明では，主に「一人の消費者の需要曲線」，「ひとつの企業の供給曲線」が分析の対象になり，これらを個別需要曲線，個別供給曲線と呼ぶ．
　図2-1と図2-2を見られたい．縦軸に，ある財またはサービスの価格を取

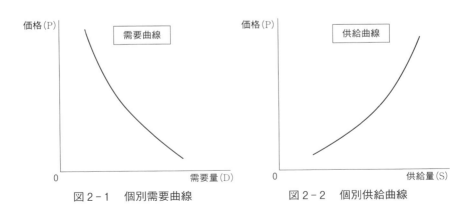

図2-1　個別需要曲線　　　　図2-2　個別供給曲線

り，横軸にその数量を取る．ここに個別需要曲線と個別供給曲線を描いてみる．図2-1の右下がりの曲線が，一人の消費者の心理を表わした個別需要曲線である．価格が高いと，ほしいと思う量，つまり需要量が少ない．逆に，価格が低いとそれが多い．そのため，右下がりで需要曲線が描かれる．図2-2の個別供給曲線は，生産者の供給できる状況を表わしている．価格が高ければ，供給量を多くできる．逆に価格が低ければ供給量を減らさざるを得ない．よって，個別供給曲線は右上がりになる．

## (2) 市場全体の需要曲線，供給曲線

次に市場全体の需要曲線と供給曲線について考える．それらは，市場需要曲線や市場供給曲線と呼ばれる．「右下がりの個別需要曲線」と「右上がりの個別供給曲線」から，市場需要曲線と市場供給曲線を導き出せる．当該市場には多くの消費者がいて，多くの企業がある．市場需要曲線と市場供給曲線は，個別需要曲線や個別供給曲線をそれぞれ足し合わせて導き出される．

ある財の市場にAさん，Bさん，Cさんの3人だけしか消費者がいないと仮定する．

図2-3の上段では，Aさん，Bさん，Cさんの個別需要曲線のグラフを横に並べた．そして，これらを足し合わせたグラフが，下段のグラフになる．

この下段のグラフに描かれた曲線が，各人の個別需要曲線を足し合わせた曲線であり，市場需要曲線と呼ぶ．

同様に市場供給曲線についても導いてみる．企業も同じく，D企業，E企業，F企業の3生産者だけしか存在しないと仮定する．

図2-4の上段では，D企業，E企業，F企業の個別供給曲線のグラフを横に並べ，これらを足し合わせたのが，下段のグラフである．この曲線が，市場供給曲線である．市場需要曲線も個別需要曲線と同じく右下がりの曲線になり，市場供給曲線も個別供給曲線と同じく右上がりの曲線になる．

## (3) 市場均衡

「市場均衡」とは，需要量と供給量が等しい状態であり，市場均衡は需要曲線と供給曲線の交点で決定される．図2-5を見られたい．市場均衡は，需要

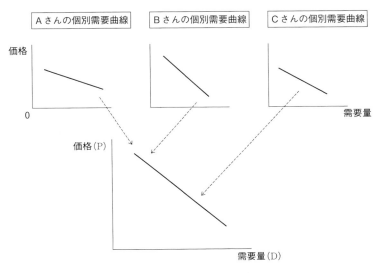

図2-3　市場需要曲線

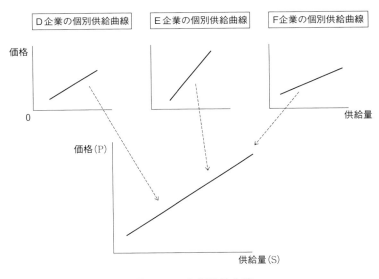

図2-4　市場供給曲線

曲線と供給曲線の交点で表わされる．この市場均衡に対応した価格を「**均衡価格**」，数量を「**均衡取引量**」という．

市場均衡においては，需要と供給も等しくなっている．つまり，需要量（D）と供給量（S）が一致している状態である．これを数式で書くと以下になる．

> 市場均衡 ： 需要量（D） ＝ 供給量（S）

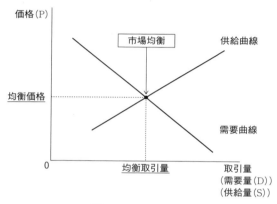

図2-5　市場均衡

## 2　消費の基礎理論

消費者とは自分の所得で財やサービスを購入する人のことをいう．消費者は財やサービスを消費することで，満足を得る．

経済学では，財やサービスから得る満足のことを「**効用**」と表現する．ここでは，「消費者が所得で財を消費することで効用を得る」活動について理論的に説明していこう．

### （1）　予算制約線

消費者は，どのような心理で財やサービスを購入するか．まず，消費者の前

には2種類の財が存在するとしよう．たとえば，リンゴとミカン，お米とパン，しいたけとエノキ，……などである．キノコ好きの人におけるしいたけとエノキを例に消費者モデルを説明しよう．

> この人は，キノコが好きで，所得は1000円である．
> しいたけ1パックが200円，エノキ1パックも200円だった場合，今ある予算1000円をすべて使い切り，効用を得ようとすると，どのような購入方法が考えられるか．
> ※説明の都合上，所得を予算と言い換えた．以下，所得を予算とも呼ぶ．

いくつか例を並べてみる．（しいたけ5パック，エノキ0パック）（しいたけ4パック，エノキ1パック）（しいたけ3パック，エノキ2パック）……．予算1000円に収まっている限り，何通りかのパターンが考えられる．

この選び方は，消費者の好みで決まる．たとえば，すき焼き鍋の具にしいたけとエノキがあった場合，しいたけが好きな人はエノキよりもしいたけを多く消費するし，エノキの方が好きな人はしいたけよりもエノキを多く消費する．このように「好んでいること」を「**選好する**」や「**選好性が高い**」などと表現する．

一般化して，2種類の財を「A財とB財」，A財の価格を「$P_A$」，B財の価格を「$P_B$」とする．図2-6のように横軸をA財，縦軸をB財のそれぞれの数量で測ったグラフを用いて説明する．図中でのA財とB財を購入する際の選び方を「**消費点**」や「**消費計画**」と呼び，グラフでは（A, B）の座標で表わす．

グラフの点L，点M，点Nについて，どの座標点，つまり，どの消費計画をとっても予算（Y）をすべて使い切る．「消費者には無限の欲がある」と仮定されるので，本来消費者はA財もB財も無限に消費したいと考える．しかし，消費者の予算（Y）が限られているため，そのYに収まる範囲で，効用を得ようとする．

図2-6の点L，点M，点Nを線で結んでみると，図2-7の右下がりの曲線が引ける．この線を「**予算制約線**」，「**予算線**」と呼ぶ．

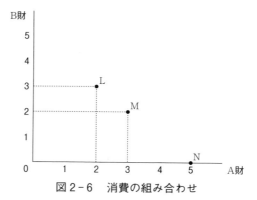

図2-6　消費の組み合わせ

L (2,3) …A財を2単位購入，B財を3単位購入
M (3,2) …A財を3単位購入，B財を2単位購入
N (5,0) …A財のみを5単位購入

※単位…「しいたけとエノキ」の単位はどちらも「パック」．しかし，財の種類によっては単位が「頭」や「個」になったりする．したがって，「単位」と表現する．

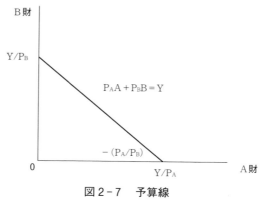

図2-7　予算線

○　傾き「$-P_A/P_B$」　○　縦軸切片「$Y/P_B$」　○　横軸切片「$Y/P_A$」

> 予算線とは，所得（Y）をすべて使い切ったときに購入できるA財とB財の組み合わせの軌跡である．

予算線を式にすると

$$P_A A + P_B B = Y \quad (2-1)$$

になる.「$P_A A + P_B B = Y$」をわかりやすい「$B = aA + b$」の形に変形させる.

$$P_A A + P_B B = Y$$
$$P_B B = Y - P_A A$$
$$B = Y/P_B - (P_A/P_B)A$$
$$B = -(P_A/P_B)A + (Y/P_B) \quad (2-2)$$

### (2) 無差別曲線

#### 1) 無差別曲線とその性質

「無差別曲線」は,A財とB財における消費者の好み(選好性)の度合に応じて消費の割合を表わした曲線である.消費者が同一の無差別曲線上で消費計画(消費点)をとる場合,得られる効用水準は同じになる.

図2-8に描かれている曲線U1,曲線U2,曲線U3が無差別曲線である.このような形状を「原点に対して凸型」と表現する.(**無差別曲線の性質1**)

消費点Kと消費点Lは,どちらも無差別曲線U1上にある.消費点KではA財を2単位,B財を3単位購入し,消費点LではA財を3単位,B財を2単位購入している.点Kと点Lとで消費計画は異なっているが,どちらも無差別曲線U1上にあるため,同じ効用水準になる.このことを「消費者にとっ

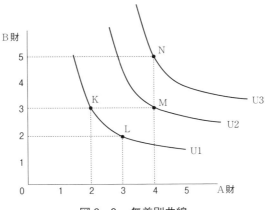

図2-8 無差別曲線

て消費点Kと消費点Lは無差別である」と表現する．

図2-8には曲線U1だけでなく，曲線U2，曲線U3と3本の無差別曲線を描いた．消費者は心の中で無数の無差別曲線を描いていると仮定されている．原点から離れるにつれて，より大きな効用水準を得られる無差別曲線になる．図2-8では，曲線U1，曲線U2，曲線U3の順に原点から離れていくほど効用水準が大きくなっていく．(**無差別曲線の性質2**)

無差別曲線にはもうひとつ，大切な性質がある．それは，無差別曲線は他の無差別曲線と交わらないということである．曲線U1は，絶対に曲線U2や曲線U3と交わらない．(**無差別曲線の性質3**) 仮に無差別曲線が交わってしまうと，図2-8において効用水準「U1＜U2＜U3」の関係に矛盾が生じる．効用水準の低い曲線U1が，効用水準の高い曲線U3と下から交わり，その右側で曲線U1の効用水準が曲線U3の効用水準を上回ってしまうということはあり得ないからである．

2) 限界代替率

無差別曲線は「原点に対して凸型」と説明した．図2-9において無差別曲線の傾きの絶対値を「限界代替率（$MRS_{AB}$）」と呼ぶ．$MRS_{AB}$は，A財消費量を追加的に1単位減少させたとき，その効用の減少分を元に戻すために必要なB財の消費量の増加分の割合とも表現できる．

「変化分」については，一般に「$\Delta$」の記号を用いることが多い．A財の変

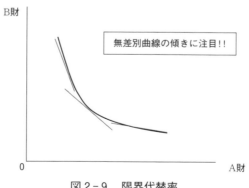

図2-9　限界代替率

化量を「ΔA」、B財の変化量を「ΔB」としよう。そのとき無差別曲線の傾きは「ΔB／ΔA」となる。これはマイナスなので、プラスになるようにマイナスをつけると$MRS_{AB}$は次のように表わされる。

$$MRS_{AB} = -\frac{\Delta B}{\Delta A} \qquad (2-3)$$

この$MRS_{AB}$は、無差別曲線が右方に行くにしたがって小さくなる。このことを限界代替率逓減の法則という。これが、無差別曲線が原点に対して凸になる理由である。

## 3 最適消費計画

### (1) 最適消費計画

一方が増えると他方が減る代替関係にある財を「**代替財**」と表現する。ここでは、しいたけはエノキの代替財であり、エノキはしいたけの代替財になる。

代替関係と代替財の例にある「しいたけとエノキ」について、消費者は果たしてしいたけ何パック、エノキ何パックにすれば、もっとも大きな効用を得ることができたのであろうか。これについて考えるのが「最適消費計画」である。

予算制約線(以下予算線と呼ぶ)としてではなく予算集合の考え方もある。予算を購入可能範囲と考え、予算が余る場合もあり得ると考える。図2-7における消費者の三角形内の点の選択を指す。

$$P_A A + P_B B = Y \quad (予算線上の考え方)$$
$$P_A A + P_B B \leqq Y \quad (予算集合の考え方)$$

消費者の欲望が無限大という前提で、消費者が効用を最大化させようと行動すると仮定されている。無限大の欲望(効用)を満たすことを目的に消費計画を立てると、効用水準はどこまでも高く、無差別曲線はどこまでも右上の曲線を選択することになる。この消費者の無限大の欲望に歯止めをかけるものが予算制約である。予算が足りない消費計画については購入不可能である。よって、消費者は予算に収まる範囲内で効用を最大化させるような消費計画をとること

になる．

　このことをグラフで見てみよう．予算線のグラフと無差別曲線のグラフを同時に描くと，**図2-10**のようなグラフを描くことができる．無差別曲線は原点から右上にいくほど高い効用水準が得られる．不等号で表わすと「U1＜U2＜U3＜U4」の順に効用水準の高い無差別曲線になる．

　ここで予算制約との関係をみていこう．図中に描いた範囲での無差別曲線U1は完全に予算制約の内側にある．これは，図2-10で示した範囲でのU1上の点の消費計画はすべて購入可能であることを意味する．U2では消費点E1と消費点E2で無差別曲線と予算線が交わっている．予算線と交わる点は，予算をすべて使い切ることを意味する．U4は，U3までの無差別曲線よりも右上に存在しており，もっとも効用水準の高い曲線である．しかし，見て分かるとおり，予算制約の枠を飛び出ている．U4は，効用水準は高いけれども，購入不可能な消費計画ということになる．

　U2よりも効用水準の高く，U4よりそれが低い無差別曲線U3について見てみる．無差別曲線の大部分が予算線の上に存在し，購入はほぼ不可能である．しかし，消費点E*に注目すれば，この消費点だけは，予算線と接しており，購入可能な消費計画となっている．U3は，消費者が選択できる無差別曲線のうち，原点からもっとも遠いところにある．この消費点E*こそが，予算内で消費者の効用を最大化させる消費計画であり，最適消費点または最適消費計画

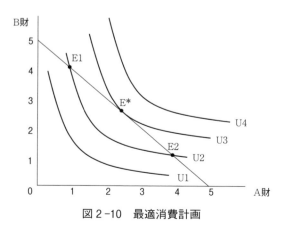

図2-10　最適消費計画

と呼ばれる．

### (2) 最適消費点の求め方

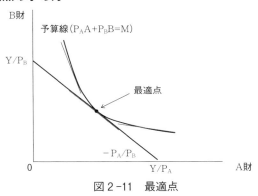

図2-11　最適点

最適消費点について具体的に式の関係で導出してみよう．効用が最大化する最適消費点においては，無差別曲線の接線の傾きと予算線の傾き（$-P_A/P_B$）が等しい．無差別曲線の接線の傾きの絶対値は限界代替率であるから，それは，マイナスをはずした**価格比**に等しい．同時に，効用を最大化するA財とB財の消費計画は予算線上（$P_A A + P_B B = Y$）にある．最適点においては，これらの関係が同時に成立している．

---

最適消費点の条件
$$\begin{cases} P_A A + P_B B = Y \;（予算線） & (2-1) \\ 限界代替率 = 相対価格\;(P_A/P_B) & (2-4) \end{cases}$$

---

### (3) 所得変化の効果，価格変化の効果

#### 1) 所得変化の効果

個人の所得が変化したとき，その個人の最適消費点はどのように変化するか．個人の所得が増えたとしよう．A財にしてもB財にしても，購入可能な数量が増えることになる．A財とB財の価格を不変とした**図2-12**で，所得の増加

を予算線の右上へのシフト（平行移動）で表現する．予算線が右上にシフトしたことは，予算線がより効用水準の高い無差別曲線と接することができるようになったということである．予算線と無差別曲線の接点，つまり最適消費点が右上に変化し，A財，B財の消費数量が増えたことになる．所得の変化に応じた最適消費点の軌跡のことを**所得-消費曲線**と呼ぶ．

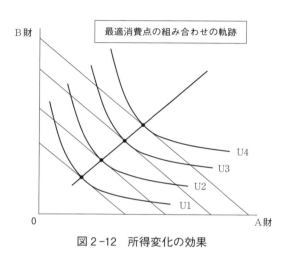

図2-12　所得変化の効果

　所得が増加したならば，今の例では，どちらの財も消費量が増え，所得―消費曲線は右上がりとなった．このように，所得が増えたときに購入数量が増える財を「**上級財（正常財）**」と呼ぶ．（図2-12では両財とも上級財）
　他方，所得が増えたとき，消費量が常に増えるとは限らない．所得が低いときは安物で我慢していたが，所得が高くなればよいものを購入し，安物の消費を少なくすることがある．この安物に当たる，「所得が増えると購入数量が減る」ような財を「**下級財（劣等財）**」と呼ぶ．

2）価格変化の効果

　次に，所得の変化ではなく，財の価格が変化した場合を考えてみたい．消費計画ではA財とB財の2財が用意されている．そこでA財の価格だけが下落

した場合を考えてみよう．当初，左方の予算線にＵ１が接する点が最適消費計画点であったとする．そのときＡ財の価格が下落したとしよう．新しい予算線は右側の直線となる．予算線に接するＵ１からＵ２にシフトし，最適消費点も右上の新しい予算線とＵ２が接する点に移動した．新しい点では効用水準は上昇したことになる．（Ｂ財が代替財であればＢ財の数量は減少）

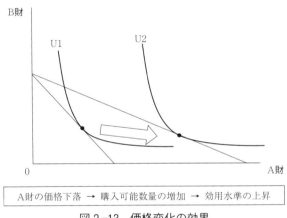

図２-13　価格変化の効果

### (4)　需要曲線

需要曲線図２-１は，Ａ財の価格（$P_A$）の変化と，それに応じたＡ財の需要量の変化について描かれた曲線であると思われる．図２-13においてＡ財の価格（$P_A$）を縦軸に，Ａ財の数量を横軸にとり，当初のＡ財の価格と数量，そして下落後のその価格と数量を，座標に書き込み，線で結ぶと右下がりの直線を描くことができる．これが，Ａ財の需要曲線である．２点のみでなく，価格がより一層変化したときの，価格と数量の関係を座標に示していけば，図２-１の右下がりの曲線を得ることができる．

# 4 生産の基礎理論

企業は利潤を求めて生産行動を行うと考える．企業は労働力（L）と資本（K）を投入して生産物を産み出し，それらを販売して利潤を得る．生産者を表わす企業という言葉を聞くと自動車などを生産している大企業をイメージしてしまいがちであるが，経済学で言う「生産者」とは，農家や林業家なども含む．

## (1) 完全競争市場

完全競争と呼ばれる市場では，企業は，価格を決めるのではなく，利潤を最大化するような財の生産量（X）のみを決めると考えられている．なぜ企業は自分たちで価格を決定できないのか．「完全競争市場」とは，以下の5つの条件を満たす市場とされているからである．

① 原子性

市場は小さな生産者と消費者がそれぞれ原子のように多数存在し，それぞれの行動は市場で大きな影響を他者に与えない．そこでは，すべての企業がプライステイカーであり，自分達で自由に価格を決定できない．

② 均一性

生産される生産物は同じ品名である限りは同一である．つまり，キャベツである限り，どこのキャベツでも誰が作ったキャベツでも全く同じ財と見なされる．

③ 完全情報

すべての企業と消費者はすべての商品の性質と価格を知っているとされる．つまり，広告による差別化や，品質についての差別化は一切できない．

④ 平等なアクセス

すべての会社が同じ製造技術力を持ち，技術的な情報は無料で完全に伝達される．

⑤ 自由な参入・退出

すべての企業が，その財の生産活動に対して，容易に市場に参入でき，退

出できる.

### (2) 収入関数

企業は利潤の最大化を目指す．利潤（$\pi$）は

「利潤($\pi$) = 収入(R) − 費用(C)」　　　　　　　　　　　　（2 − 5）

で表わされる．

このうちRを求める式は以下になる．

> R ＝ 価格(P) × 生産量(X) 　　　　　　　　　　　　　　　　（2 − 6）
> R ＝ PX

この収入関数をグラフで表わす．縦軸にR，横軸にXを取ると，**図2-14**となる．原点から右上がりの直線が**収入曲線**（R＝PX）である．この傾きが**限界収入**MRであり，生産量を増やしたときの収入が増える割合である．

$$MR = \frac{\Delta R}{\Delta X} \qquad (2-7)$$

価格（P）が曲線の傾きなので，MRはPに等しい．

$$MR = P \qquad (2-8)$$

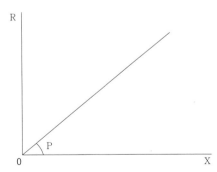

収入関数　R＝PX
P(傾き)……　P円

**図2-14　収入関数**

### (3) 総費用曲線

次に総費用（C）について考える．総費用関数は「C＝C(X)」と表現される．C（ ）は関数記号を表わす．C は X と関数関係にある．

縦軸に C をとり，横軸に X をとり，グラフに**総費用曲線**（C＝C(X)）を描くと図 2-15 になる．総費用関数のグラフは，一般に逆 S 字型の総費用曲線になる．総費用曲線が逆 S 字型になる理由は次の通りである．企業はまず，財を生産しようとして費用を投入する．最初のうちは，少ない労働のために工場や持っている機械全体などを動かすことになるので，生産量の増加に比して費用がかさむ．しかし，ある一定の費用を投じた際，労働が機械を動かすのに次第に満たされていけば，生産要素の調和がとれ，費用の伸びが小さくなる．しかし，ある程度いくと，機械を使い切り，ただ人手だけが増えていくという現象が起きて生産量の増加に比して費用が増える．よって，総費用関数は逆 S 字型となっている．

総費用曲線の傾きは，X を追加的に増やした場合にかかる C を表わしている．それを**限界費用** MC という．図 2-15 内の接線の傾きである．生産を 1 単位増やしたとき，費用をどれだけ増やさなければならないかを意味する．総費用曲線の傾き（絶対値）が急であるほど，追加的にかかる費用が多いということになる．

$$MC = \frac{\Delta C}{\Delta X} \qquad (2-9)$$

総費用曲線の傾きが大きいとき，つまり MC が大きいときには，X を増加させたときにかかる追加的費用も大きい．

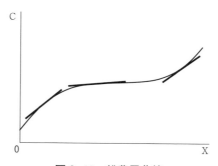

図 2-15　総費用曲線

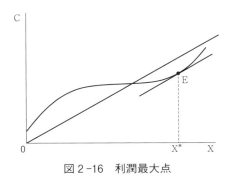

図 2-16　利潤最大点

　図 2-16 に，収入曲線と総費用曲線を同時に描いた．(2-5) 式よりここで $\pi$ は，収入曲線と総費用曲線の差ということになる．当初は総費用曲線が収入曲線を上回っており，$\pi$ はマイナスだが，途中で逆転し，利潤がプラスになる．プラスの差が最大のところを点 E とする．総費用曲線 ($C = C(X)$) の傾きが点 E では，収入曲線 ($R = PX$) の傾きと平行になっている．平行になっているということは傾きが同じである．収入曲線の傾きは MR，総費用曲線の傾きは MC であるので，利潤最大の下では，限界収入と限界費用が等しい．限界収入は価格に等しいので次式が成り立つ．

---

利潤最大化点 E を求めるための公式
　　$MC = MR = P$ 　　　　　　　　　　　　　　　　　　(2-10)

---

　この式は，企業が利潤最大の生産量 ($X^*$) を決定する上でもっとも重要なひとつである．

## (4)　短期企業の利潤最大化

　ここで，長期企業は機械や工場などの資本ストックも増減させる企業とし，短期企業は，労働，材料費などは増減させるが資本ストックは増減させない企業と定義する．まず短期企業を取上げる．短期企業を考える上で重要なことは，総費用を 2 種類に分けることである．C を「財を生産しなくても必然的にかかってくる費用」と，「財を生産することによってかかってくる費用」に分けて考

える．前者を「固定費用（FC）」，後者を「可変費用（VC）」という．FCとは，仮にXが0単位，要は何も作らなかったとしても必然的にかかってきてしまう費用である．機械の減価償却費，機械のメンテナンスや修理費，および電気代，水道代，ガス代の光熱費基本料金などをイメージしてもらえれば分かりやすい．VCは変化する費用であり，たとえば，財を生産する際の材料費や労働者の賃金等を指す．

これらを平均した，平均費用（AC），平均固定費用（AFC），平均可変費用（AVC）という概念も登場させて，それらの基本概念を整理しよう．

総費用：固定費用と可変費用の合計
平均費用：総費用（C）をXで割った値となる．平均はひとつ当たりを指す．つまりひとつ当たりの生産にかかる費用である．
平均固定費用：FCをXで割った値となる．ひとつ当たりの生産にかかる固定費用である．
平均可変費用：VCをXで割った値となる．ひとつ当たりの生産にかかる可変費用である．

ACとAVCをグラフで説明しよう．図2-17には，総費用曲線と固定費用曲線を描いた．FCは，Xが0単位であったとしてもかかってしまう費用であり，常に一定なので，固定費用曲線は水平な直線となる．VCは，総費用からFCを除いた部分であるので，総費用曲線においてFCよりも上の部分ということ

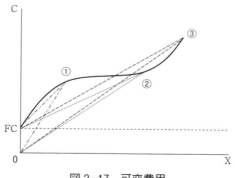

図2-17　可変費用

になる.

**平均費用**

原点から総費用曲線のある点まで引いたときの直線の傾きが，その点までの財生産にかかった平均的な費用を表わす．図中の原点から総費用曲線にひいた直線の傾きである．図2-17では，点①に対応する生産量の財を生産するときよりも，点②に対応する生産量の財を生産するときの方が，傾きが小さくなっている．これは，ACが少なくなっていることを意味する．点②から点③にかけては，傾きが大きくなっている．生産量がある数量を超えると，再び追加的にかかる費用も増える．これにともなってACも再び増加する．図2-18において，ACは下に凸の曲線になる．これが平均費用曲線である．

**平均可変費用**

AVCとは，FCを除いて，そのXの生産にかかった費用の平均である．縦軸の固定費用の点から総費用曲線上に引いた直線の傾きがこれにあたる．ACと同様，点①から点②にかけて傾きが小さくなっているが，やはりそのあと点③にかけては傾きが大きくなっている．図2-18で，平均可変費用曲線はAVCである．AVCの方がACよりも小さいので，曲線はそれより下にくることになる．AVCの方がACよりも早い段階で，費用が最小になる生産量に到達する．その後は，このACとAVCの金額の差が，生産量が増えるごとに縮まっていく．

ACとAVCの金額の差とは，AFCである．FCを平均したAFC（図中には

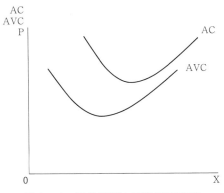

図2-18 平均費用と平均可変費用

描いていない）の金額は，生産量が増えるごとに減っていく．これが，生産量が増えるごとに，ACとAVCの金額の差が縮まる理由である．

ACやAVCが最小となる点は，一体どのようにして求められるだろうか．図2-19においてACが最小になる点は，上段のグラフで原点から総費用曲線上の点まで延びた直線の傾きが最小になる点である．AVCが最小になる点は，FCの縦軸切片から総費用曲線上の点まで延びた直線の傾きが最小になる点である．総費用曲線と，これら直線の接点に対応する生産量が，もっとも直線の傾きを小さくし，ACとAVCをそれぞれ最小にする生産量である．

下段には，AC曲線とAVC曲線が描かれている．AVCが最小になる点は，生産量が$X_1$単位のときであり，ACが最小になるのは，Xが$X_2$単位のときである．このACとAVCを最小にするタイミングは同じではなく，先に，AVC

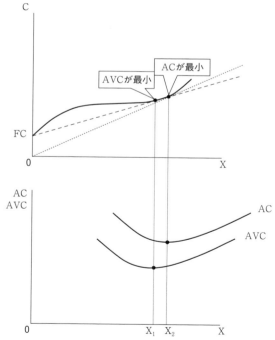

図2-19　平均費用最小点と平均可変費用最小点

が最小化される.

### (5) 限界費用と供給曲線
#### 1) 限界費用曲線
（2-9）式の MC は，財を追加的に1単位生産するときに，追加的にかかる費用である．総費用曲線の傾きが MC を示しており，図2-20になる．

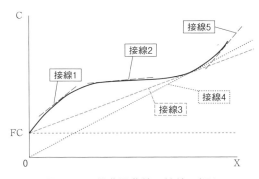

図2-20　総費用曲線の接線の傾き

ここでは TC 曲線の接線1から接線5までを例示した．接線1から接線2と右方に移るにつれて傾きが次第に小さくなり，接線3と接線4あたりでもっとも小さくなるが，さらに右方の接線5では再び傾きが大きくなる．なお，接線3の傾きは AVC と一致し，接線4の傾きは AC と一致している．

このことを踏まえて，図2-19の下図に総費用曲線の接線の傾きである MC を追加すると図2-21となる．

図2-20において，接線3の傾きが AVC と一致し，接線4の傾きが AC と一致している．つまり，MC 曲線は AVC 曲線の最小点と AC 曲線の最小点を通過することになる．

#### 2) 供給曲線
いま個別限界費用曲線を取り上げたが，その曲線の一部が供給曲線と呼ばれ

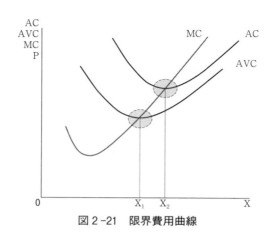

図 2-21　限界費用曲線

る曲線になる．

　利潤最大化条件は，(2-10) 式で表わした MC＝MR＝P であった．つまり，企業が $\pi$ を最大化できるのは MC と P が等しいときである．プライステイカー企業は自分達で P を設定することはできないので，その市場において設定された P を所与とし，その P に等しい MC 曲線に対応した X を生産する．市場の事情で P が変動すれば，MC 曲線に沿って X を変える．図 2-22 で価格 $P_1$ に対しては生産量 $X_1$，価格 $P_2$ に対しては生産量 $X_2$ となる．よって，MC 曲線が供給曲線になる．

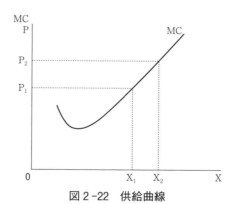

図 2-22　供給曲線

3） 損益分岐点と操業停止点

　損益分岐点について説明しよう．図2-23のグラフで"損益分岐点"と書かれたMC曲線とAC曲線の交点を見てみる．損益分岐価格よりも下に市場価格が設定された場合，PがACを下回り，財を生産して販売したとしても利潤は生まれないことになる．平均はひとつ当たりを指す．ひとつ当たり100円で生産した財を，価格90円で販売するようなものである．生産をすればするだけ，企業は赤字を出すことになる．損益分岐点以上のPでは$\pi$が生じるが，それを下回れば損失が発生する．それがこの点の名前の由来である．

**損益分岐点：財の生産を続けたとしてもそれ以下の価格では利潤を生むことができない点**
**損益分岐価格：損益分岐点に対応した価格**

　次に，損益分岐点のさらに下にある操業停止点と呼ばれる点について説明しよう．MC曲線とAVC曲線の交点になる．PがAVCを上回っていれば，その上回った分はFCの一部として回収できていることを意味する．しかし，それを下回ってしまうと，企業は，VCも回収できなくなり，FCの回収すらできなくなる．

　損益分岐点を下回った時点では，$\pi$は生み出せないが，財を生産しないより

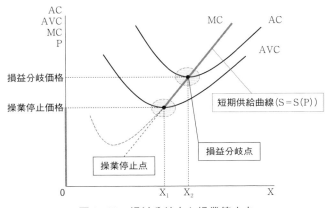

図2-23　損益分岐点と操業停止点

は，生産していたほうがFCの一部が回収できるので赤字は少なくて済む．しかし，操業停止点までも下回ってしまうと，FCは全く回収できず，生産すればするほどVCが多くかかってしまう．いっそ財を生産しない方が赤字は少なくて済む．よって，操業を停止する．これがこの点の名前の由来である．

**操業停止点：それ以下の価格では財の生産をしないことが合理的な点**
**操業停止価格：操業停止点に対応した価格**

図2-23にあるように，操業停止点の右側の生産状況では，供給曲線は限界費用曲線である．しかし，操業停止点より左側の生産においては生産量はゼロになるので，供給曲線は縦軸上の垂線ということになる．供給曲線は，操業停止点でこのようにジャンプしている．

# 5 長期企業の生産活動

### (1) 長期総費用曲線

経済学では機械設備を増減させるかどうかで，長期企業と短期企業を分ける．生産要素には，資本（資本投入量）と労働（労働投入量）がある．長期事業では資本もVCとして考える．「長期企業」の場合，FCの概念は登場せず，すべて可変的な費用となる．

長期企業にFCがなぜ存在しないのか．長期的な事業は，短期事業の積み重ねによって成り立っていると考えるからである．図2-24において，STCとは短期総費用（Short-run Total Costs）を意味する．今，当該企業は3つの事業を計画しており，短期の総費用曲線を3本検討しているとしよう．それぞれの事業に対応させてSTC曲線がSTC1からSTC3として表わされている．

長期的視点で見ると，これら3つの事業を一度に検討することであり，よってこれらSTCの集まりであるといえる．企業の目的が利潤極大化であるならば，なるべく少ない費用を目指すから，長期の総費用LTC（Long-run Total Costs）曲線はSTC曲線の最小の値をとる．つまり，STC曲線の包絡線となる．

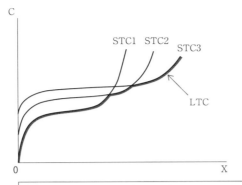

図 2-24　長期総費用曲線

## (2) 長期平均費用曲線

　FC は事業計画によってさまざまに変わってくる．FC が多くかかる事業，たとえば STC 3 のような事業があるかと思えば，ほとんどかからない STC 1 のような事業もある．長期企業とは短期事業の集まりであり，費用曲線はその最小値を採ることになるので，LTC 曲線は図 2-24 の原点から描くことになる．

　AC の長期曲線についても導いてみよう．図 2-25 を見られたい．グラフ上の「SAC」とは短期平均費用（Short-run Average Costs）の略である．短期平均費用曲線は，SAC 1 から SAC 3 のような形状になるとこれまで確認してきた．

　長期平均費用曲線は SAC 曲線の最小部分を通る．そのため，長期平均費用 LAC（Long-run Average Costs）も，SAC をなぞった形状となる．つまり，LAC 曲線は，SAC 曲線の包絡線となる．

## (3) 長期均衡

　長期の場合も，LTC 曲線の傾きが長期限界費用（LMC）となる．LMC 曲線を描くと，図 2-26 において右上がりの曲線になる[1]．長期においても，利潤極大化では，LMC と価格が等しい．よって，長期平均費用（LAC）曲線と

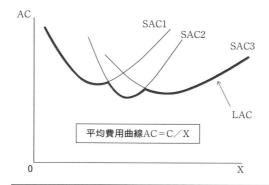

図2-25 長期平均費用曲線

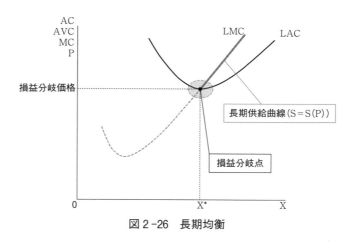

図2-26 長期均衡

LMC曲線が交わっている，LAC曲線の数量X*が長期の場合の均衡点となる．利潤がある限り企業の参入がそこまで続くからである．

**参考文献**

増沢俊彦編著(2004)『経済学の世界――基礎から学ぶ経済理論のエッセンス』八千代出版.
水野勝之(1997)『テキスト経済数学』中央経済社.
水野勝之(2000)『入門編 テキスト経済数学』中央経済社.
水野勝之(2006)『エコノミクス――経済学』泉文堂.
山岡道男・淺野忠克(2008)『アメリカの高校生が読んでいる経済学の教科書』アスペクト.

**注**

1) 図2-25のSAC1の太線に対応した部分に対しては,SAC1の場合の限界費用曲線,そしてSAC2の点線部分ではSAC2の場合の限界費用曲線,……と描き,それを結んだものが長期限界費用曲線となる.

# 第3章 マクロ経済学

## 1 経済の循環

### (1) 2つの集計量

　経済は,財・サービスと貨幣を交換するひとつの大きなシステムである.マクロ経済学は,このシステムを集計量によって分析しようとする分野である.このシステムを分析するための数量には,1年あるいは4半期のように一定期間を区切って捉えた数量と,ある時点の残高として捉えた数量がある.1年のように期間量として捉えられる数量はフローの数量と呼ばれ,国民所得や消費や投資などがその数量になる.他方,ある時点の残高として捉えられる数量はストックの数量と呼ばれ,預金や資本ストックあるいはマネーストックのような数量がその数量である.

　マクロ経済のフローの変数の捉え方を,企業の生産活動から説明してみよう.総生産額を Q,原材料などの生産に用いられる中間投入額を R で表わすと,総供給あるいは生産国民所得 $Y^S$ が

$$Y^S = Q - R \qquad (3-1)$$

と表わされる.生産された粗付加価値は賃金 W や利潤 $\Pi$ として家計に分配される.国民所得を Y とすると,

$$Y = W + \Pi \qquad (3-2)$$

となる.Y は消費 C,貯蓄 S,租税 T として支出されるから,

$$Y = C + S + T \qquad (3-3)$$

と表わすことができる.支出面では,総需要を$Y^D$,消費をC,投資をI,政府支出をG,輸出をX,輸入をMとすると

$$Y^D = C + I + G + X - M \qquad (3-4)$$

となる.

ここで,事後的に$Y = Y^D$が成り立っているとしよう.そうすると(3-3)式と(3-4)式から

$$(S-I) + (T-G) = X - M \qquad (3-5)$$

が得られる.この式はISバランス式と呼ばれている.(S-I)は民間部門の資金過不足,(T-G)は政府部門の資金過不足であり,左辺は1国経済全体の資金過不足を表わしている.貯蓄超過($S > I$)が存在する場合には,資金が金融部門に流れ,金融資産残高が増加する.1国経済全体で貯蓄超過($S+T > I+G$)が存在すれば,海外に資金が流出し海外資産の購入となり,それが貿易収支X-Mに等しくなる.

### (2) 実質値と名目値

国民所得や消費や投資などの集計量は,市場価格を用いた合計金額である.経済に存在する財がX財とY財の2財である場合,X財の価格が200円,取引数量が5個,Y財の価格が100円,取引数量が10個であるならば,取引金額は

$$T^0 = 200円 \times 5個 + 100円 \times 10個 = 2000円$$

となる.ここでもしも,X財の価格とY財の価格が2倍の400円と200円になり,取引数量には変化がないとすると,取引金額は

$$T^1 = 400円 \times 5個 + 200円 \times 10個 = 4000円$$

となる.市場価格で表わした取引金額は,2倍になるが,消費可能な財の数量は変化していない.市場価格と数量を単純に合計した貨幣の単位(円)で表わされる数量は,名目値(nominal value)と呼ばれる.名目値から価格変化の見かけの効果を取り除いた値は実質値(real value)と呼ばれる.価格変化後の数値

例の $T^1$ の値は，価格が2倍になったために合計金額が2倍になっているだけである．$T^1$ 式の両辺を2で割り，価格が元の $T^0$ のときと同じで取引金額も2000円となり，実質値では変化がないことになる．$T^1$ の実質値を $t^1$ とすると，$t^1$ は

$$t^1 = T^1/2 = T^0 \qquad (3-6)$$

となる．実質値は，名目値を価格変化分の2で割った値となっている．

現実には，すべての財の価格が等しく2倍になるような単純な変化は存在しない．個々の財の価格の数量もさまざまな変化をこうむっている．このような場合の価格変化を測定するためには，指数を利用することになる．価格の指数としては，ラスパイレス型の物価指数とパーシェ型の物価指数がよく用いられる．簡単化のために，財が X 財と Y 財の2種類だけであるとしよう．基準年の財の生産量を $x^0$, $y^0$，価格を $p_x^0$, $p_y^0$，比較年の生産量を $x^1$, $y^1$，価格を $p_x^1$, $p_y^1$ とすると，ラスパイレス型の物価指数 $L_p$ とパーシェ型の物価指数 $P_p$ は

$$L_p = \frac{p_x^1 x^0 + p_y^1 y^0}{p_x^0 x^0 + p_y^0 y^0} \qquad P_p = \frac{p_x^1 x^1 + p_y^1 x^1}{p_x^0 x^1 + p_y^0 x^1} \qquad (3-7)$$

と定義される．ラスパイレス型は基準年の生産量（$x^0$, $y^0$）をウェイトとして価格変化を測定するものであり，パーシェ型は比較年である今年の生産量（$x^1$, $y^1$）を用いて，基準年から比較年にかけてその市場価格が全体として何倍になったかを表わす指数である．

実質国民所得を y，名目国民所得を Y，物価水準（指数）を P とすると，

$$y = Y/P \qquad (3-8)$$

と表わすことができる．（3-8）式は（3-6）式と同様に実質値を表わすものである．

## (3) GDP 統計

マクロ経済の集計量の概念として，国民所得勘定では，国内総生産（Gross Domestic Product：GDP）や国民所得（National Income：NI）などの概念が用いられ

ている．GDPは，ある一定期間（1年間）に国内で新たに生産された最終生産物の価値を合計したものである．（3−1）式に対応させると

**GDP＝最終生産物の価値＝国内産出額−中間生産物の価値**

となる．国内総所得（Gross Domestic Income：GDI）は，

**GDI＝粗付加価値額**
　　**＝雇用者報酬＋営業余剰＋固定資本減耗**
　　**＋（生産・輸入品に課される税−補助金）**

と定義される．これはGDPを分配面から捉えたものであり，（3−2）式に対応する．雇用者報酬は賃金，営業余剰は利潤のことである．国内総支出（Gross Domestic Expenditure：GDE）は，国内で生産された最終生産物に対する支出の合計である．それは，

**GDE＝最終需要の合計＝消費＋投資＋政府支出＋輸出−輸入**

と定義される．海外で生産された最終生産物の価値は，GDPには含まれないので，輸入額を控除するためマイナス符号となっている．輸出される生産物に対する支出は海外で行われるが，国内で生産された最終生産物であるので，輸出の項目にはプラスの符号となる．GDEは国内で支出された額の合計ではなく，GDPに対する支出を捉えた額であるので，輸出はGDEに含まれる．

　国内の経済活動の規模を生産面，分配面，支出面で捉えたGDP，GDI，GDEは，

**GDP＝GDI＝GDE**

となっている．この会計上の原則は，事後的に成り立つ関係を表わしており，**三面等価の原則**と呼ばれる．実際の統計では，GDEの値を正確なGDPの値とみなしている．

　GDPには，固定資本減耗や「生産・輸入品に課される税−補助金」の額が含まれている．固定資本減耗は，資本ストックの1年当たりの償却分であり，資本の生産への貢献による減耗分の補てん額である．また，GDP統計は，原

則として市場取引を，市場価格を用いて計上したものである．市場価格は，生産・輸入品に課される税や補助金を反映したものとなっている．それゆえ，GDPには，「生産・輸入品に課される税－補助金」が含まれている．GDPから固定資本減耗や「生産・輸入品に課される税－補助金」を差し引いた額は，国内所得（Domestic Income：DI）である．

「国内」に関する指標から「国民」に関する指標に移して，一国の経済活動を捉える指標を説明しよう．海外から受け取った所得と外国人や外国企業に支払った所得の差額に相当する相違が生じることになる．そこで，

　　海外からの所得の純受取＝
　　海外からの所得の受取り－海外への所得の支払い

とすると，国民総所得（Gross National Income：GNI）を

　　GNI＝GDP＋海外からの所得の純受取

と定義することができる．「海外からの所得の純受取」はGNIには含まれるが，GDPには含まれない．NIは，DIに海外からの純所得を加えたものである．

　　NI＝DI＋海外からの所得の純受取

これまでに登場した国民所得勘定の諸概念を整理すると，表3-1のようになる．

表3-1　国民所得勘定

| | | | | | | 中間生産物 |
|---|---|---|---|---|---|---|
| 国内産出額 | 国内総生産 | | | | | |
| 国内総生産〈GDP〉 | 国内所得 | | 生産・輸入品に課される税－補助金 | | 固定資本減耗 | |
| 国内総所得〈GDI〉 | 雇用者報酬 | 営業余剰 | 生産・輸入品に課される税－補助金 | | 固定資本減耗 | |
| 国内総支出〈GDE〉 | 消費＋国内総資本形成＋在庫品増＋政府支出＋輸出－輸入 | | | | | |
| 国民総所得〈GNI〉 | | 国民所得 | | 生産・輸入品に課される税－補助金 | 固定資本減耗 | |
| 国民所得〈NI〉 | 海外からの所得の純受取 | | | | | |

## 2 価格調整モデル（古典派モデル）

### (1) 労働市場の均衡条件

経済の循環では，失業が生じたり，総供給が総需要よりも大きくなったりする．そのような場合には，経済システムの中で何らかの調整メカニズムが働くと考えられる．この節では，価格が調整変数となると考える古典派モデルを説明する．数量が調整変数となると考えるケインジアン・モデルは，次の第3節で説明することにしよう．理論の説明は，事前のものである．

古典派モデルは，供給サイドを重視する理論である．そこで，労働市場から説明を始めよう．企業の労働需要 $N^D$ が家計の労働供給 $N^S$ よりも低い水準にあれば，$N^D < N^S$ となる．この状態は，労働市場で超過供給が存在するという．労働市場での超過供給は，失業の存在を意味する．$N^S$ が6000万人で，$N^D$ が5700万人であれば，300万人の失業が存在することになる．他方，$N^D$ が $N^S$ よりも大きい状態は，労働市場で超過需要が存在する場合であり，$N^D > N^S$ となっている状態である．この状態は，人手不足で求人がたくさん存在する状態である．企業の $N^D$ と家計の $N^S$ が等しい場合は，$N^D = N^S$ である．この状態は，労働市場が均衡している状態である．$N^D$ は多数の企業による意思決定，$N^S$ は多数の家計の意思決定に依存する．したがって，労働市場において，均衡が常に成立するとは限らない．しかし，古典派モデルでは，労働市場において超過供給や超過需要が存在する場合には，価格メカニズムが働くことによって，均衡に至ると考える．

図3-1(a)には，企業の行動を表わす $N^D$ 曲線と家計の行動を表わす $N^S$ 曲線が描かれている．古典派モデルでは，貨幣賃金（money wage）すなわち名目賃金（nominal wage）を表わす W ではなく，W を物価水準で割った実質賃金（real wage）$w = W/P$ による調整により，均衡実質賃金 $w^*$ と完全雇用（$N^D = N^S$）に対応する均衡雇用量 $N^*$ が実現する．$N^*$ に対応する生産量は，生産関数で表わされる生産可能な生産量 $Y^S$ となる（図3-1(b))．

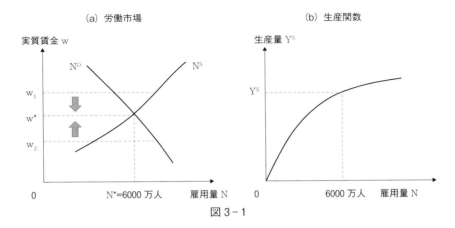

図3-1

## (2) 利潤最大化行動と効用最大化行動

　古典派モデルにおいて，労働市場で実質賃金による調整メカニズムが働くのは，企業の $N^D$ と家計の $N^S$ がともに w に依存して決定していると考えるからである．図3-2 (a) は，企業の $N^D$，すなわち最適雇用量の決定を説明している．生産関数が図3-1 (b) のように上に凸の形で表わされる生産関数の場合，労働の限界生産性 $MP_N$ は N が増加するのにともなって減少する．$MP_N$ は，N の1単位の追加にともなう生産量の増加分である．

　たとえば，時給が1000円であり，パンが1個100円であるとすると，パンで表わした w は1時間当たりパン10個である．他方，労働時間を5時間から6時間に増加させたときの1時間あたりの生産量 ($MP_N$) が13個であるとすると，$MP_N$ から w を差し引いた値は，パンの個数で表わして13個－10個＝3個である．すなわち3個分が企業のパンの個数で表わした実質利潤になる．このとき企業は，利潤がプラスであるので，N を増やそうとするだろう．7時間から8時間に労働時間を増やすときの $MP_N$ が1時間当たりパン10個であるとしよう．この場合には，$MP_N$ と w の差は10個－10個＝0個であり，これ以上利潤を増やすことができない．この場合の N が，利潤を最大にする最適な N である．それは図の E 点に対応し，最適雇用量は $N^*$ で表わされている．以上より，利潤最大化条件は以下となる．

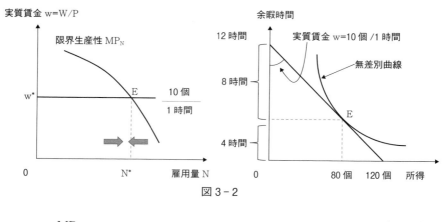

図3-2

$$MP_N = w \tag{3-9}$$

市場経済では，家計も自発的に自分の $N^S$ を決定することになる．ある家計が1日12時間を余暇と労働に振りわける．労働をすれば，その結果所得を得られる．wが1時間当たりパン10個であるとすると，12時間働けば，パンで表わした所得が120個となる．12時間を余暇に費やした場合には，所得としてのパンの個数はゼロである．余暇とパンで表わした所得を図3-2 (b) の無差別曲線で評価する．無差別曲線の接線の傾きは，余暇時間で表わした限界代替率である．図3-2 (b) では，最適点はEであり，家計は，4時間の余暇，8時間の労働，80個のパンを選択している．家計（消費者）の効用最大化条件は，パンで表わした限界代替率をMRSとすると以下の式となる．

$$MRS = w \tag{3-10}$$

## (3) 生産物市場の均衡条件

生産物市場で $Y^D$ と $Y^S$ が等しければ，生産物市場は均衡する．生産物市場の均衡条件は

$$Y^S = Y^D \tag{3-11}$$

である．$Y^*$は，(3-11)式の$Y^S = Y^D$が成立するときの均衡国民所得である．現実には，$Y^S > Y^D$となったり，$Y^S < Y^D$となったりすることも考えられる．$Y^S > Y^D$の場合には生産物市場は超過供給であり，$Y^S < Y^D$の場合には超過需要である．

政府部門と海外部門が存在しない単純な場合，すなわち(3-3)式および(3-4)式でT＝G＝X＝M＝0の場合を考えよう．消費をC，投資をIとすると，$Y^D$は，

$$Y^D = C + I \tag{3-12}$$

と表わされる．他方，供給サイドについては，単純化して，$Y^S$とYが等しいとしよう．そうすると

$$Y^S = Y \tag{3-13}$$

である．(3-11)式は，(3-12)式および(3-13)式から，

$$Y = C + I \tag{3-14}$$

となる．これもまた，マクロ生産物市場の均衡条件式である．Y＞C＋Iのとき超過供給，Y＜C＋Iのとき超過需要で，生産物市場は均衡状態にはない．

(3-14)式を変形すると，Y－C＝Iとなる．政府を無視しているのでT＝0であるから，(3-3)式からY＝C＋Sとなる．したがって貯蓄は，S＝Y－Cとなる．それゆえ(3-14)式は，

$$I = S \tag{3-15}$$

と表わすことができる．I＞Sのとき超過需要，I＜Sのとき超過供給となる．

以上から，生産物市場の均衡条件は，(3-11)式の$Y^S = Y^D$，(3-14)式のY＝C＋I，(3-15)式のI＝Sの3つの式で表わすことができる．

## (4) 貯蓄・投資と貨幣数量説

生産物市場が不均衡（$Y^D \neq Y^S$または$I \neq S$）にあるときに，どのように調整するのだろうか．古典派モデルでは，企業が行うIは実質利子率rに依存し，

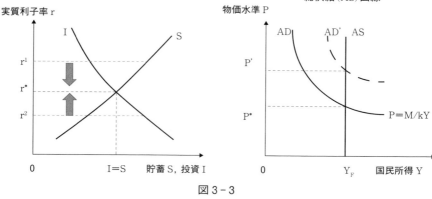

図3-3

家計のSもrに依存すると考えている．企業はIのための資金を貸付資金市場を通じて調達し，家計は貸付資金市場に資金を供給する．図3-3(a)のrがr¹のときI＜Sとなる．この場合には，rが低下することで，均衡利子率r*とI＝Sが成立する．反対に，rがr²のときI＞Sとなる．このときには，rが上昇することで，均衡利子率r*とI＝Sが成立する．そして，I＝Sが成立するならば，$Y^D = Y^S$となるので，労働市場の均衡$N^D = N^S$，すなわち完全雇用が実現する．古典派モデルでは，$N^D = N^S$となる完全雇用とI＝Sが同時に市場の価格調整メカニズムにより成立するのである（図3-3(a)）．

価格調整に基礎をおく古典派モデルでは，物価水準は，貨幣数量説によって説明される．Mを名目貨幣供給量，Vを流通速度，Pを物価水準，Tを取引量とすると，フィッシャーの交換方程式は

$$MV = PT \qquad (3\text{-}16)$$

と表わされる．またケンブリッジの現金残高方程式は

$$M = kPY \qquad (3\text{-}17)$$

である．Yが国民所得であり，kはマーシャルのkと呼ばれる比例定数である．(3-17)式を変形すると

$$P = M/kY \qquad (3\text{-}18)$$

となる.（3-18）式は物価水準を決定する式の形となっているが，PとYに着目すれば，直角双曲線として表わされる総需要曲線の式とみなすことができる．それを図示したものが図3-3(b)である．Mが増加すれば，図3-3(b)の総需要（AD）曲線は点線にシフトし，Pは上昇するが，Yは変化しない．したがって，Mの増加，すなわち金融政策の効果はない．

# 3 数量調整モデル（45度線モデル）

## (1) ケインズ型消費関数と45度線モデル

　ケインズの『雇用，利子および貨幣の一般理論』（1936年）は，需要サイドから国民所得の決定を説明する．有効需要の原理の理論的基礎のひとつは，ケインズ型消費関数である．ケインズ型消費関数は，たとえば

$$C = 0.8Y + 20 \qquad (3\text{-}19)$$

と表わされる．（3-19）式では，CはYに依存して決定する．（3-19）式はケインジアンの考え方の重要な基礎である．（3-19)式にはPがないことから，価格調整を基礎とする古典派経済モデルとはまったく異なる．

　まずケインズ的消費関数の特徴をみよう．Yの1単位の増加にともなうCの増加分$\Delta C/\Delta Y$は，限界消費性向と呼ばれる．（3-19）式では，限界消費性向は0.8で，Yの増加分の80％がCに振り向けられることを意味している．C/Yは平均消費性向である．ケインズ型消費関数では，Yが増加するにつれて，平均消費性向は低下する．（3-19）式の定数項の20は基礎消費と呼ばれるもので，所得がゼロであっても支出される消費水準を表わしている．（3-19）式を図に表わしたのが，図3-4(a)である．

　いま，（3-19）式の考え方を基礎として，Yの決定を説明するもっとも単純なマクロ経済モデルを考えてみよう．そのために，Iは一定で60で与えられているものとする．このIは独立投資と呼ばれる．（3-14）式の生産物市場の均衡条件，（3-19）式の消費関数，独立投資で構成されるマクロ経済モデルは

$$\begin{cases} Y = C + I \\ C = 0.8Y + 20 \\ I = 60 \end{cases} \qquad (3\text{-}20)$$

となる．これは45度線モデルと呼ばれるケインジアンのマクロモデルである．この連立方程式を解くと，均衡国民所得 $Y^*$ が以下のように得られる．

$$Y^* = 400$$

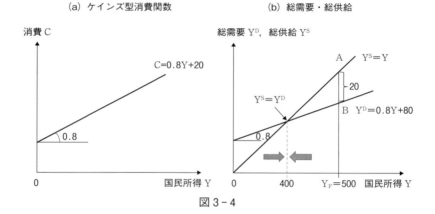

図3-4

ところで，$Y^D$ は，（3-12）式に（3-20）式の第2式と第3式を代入すれば

$$Y^D = 0.8Y + 80 \qquad (3\text{-}21)$$

となる．（3-21）式は，人びとの支出行動（＝計画＝事前）の総和を表わしている．（3-13）式の $Y^S$ と（3-21）式の $Y^D$ は，図3-4 (b) のように表わされる．$Y^* = 400$は，図3-4 (b) の $Y^D$ 線と $Y^S$ 線の交点に対応している．

次に，完全雇用国民所得 $Y_F$ が500であると仮定して，$Y^S > Y^D$ である場合を考えてみよう．このときの $Y^D$ は，$Y_F = 500$を（3-21）式に代入して，

$$Y^D = 0.8 \times 500 + 80 = 480$$

である．したがって，$Y^D$ と $Y^S$ は，

$$Y^S = 500 > 480 = Y^D$$

という関係になる．$Y^S$ と $Y^D$ の差（ギャップ）は，

$$Y^S - Y^D = 500 - 480 = 20$$

となる．このギャップは，図3-4(b)の線分ABで表わされ，デフレギャップと呼ばれる．このとき，$Y^S$ が $Y^D$ を上回るので，適正在庫を上回って計画外の（意図しない）在庫の増加が発生する．計画外の在庫の増加の状況に直面した企業は，在庫を適正水準に戻すため，生産量を減少させる．その結果，$Y^*$ は $Y_F$ の水準よりも低いものとなる．

$Y_F$ の水準で $Y^D > Y^S$ となる場合には，$(Y^D - Y^S)$ の大きさのインフレギャップが存在する．

## (2) 貯蓄・投資アプローチ

ケインズ型の消費関数が与えられると，$S = Y - C$ に消費関数（3-19）式を代入して

$$S = 0.2Y - 20 \qquad (3\text{-}22)$$

が得られる．右辺のYの係数の0.2は，限界貯蓄性向と呼ばれる．生産物市場の均衡条件式（3-15）と（3-22）式から，（3-20）式は以下のように書き換えることができる．

$$\begin{cases} I = S \\ S = 0.2Y - 20 \\ I = 60 \end{cases} \qquad (3\text{-}23)$$

この（3-23）式は，（3-20）式をS・Iから見た同じモデルである．したがって，$Y^*$ も（3-20）式の結果と同じ $Y^* = 400$ となる．図3-5(a)では，$Y^*$ がI=Sとなる貯蓄関数と独立投資の交点で与えられる様子が描かれている．

ここでもしも独立投資が60から80に増加したとしよう．マクロモデルは，

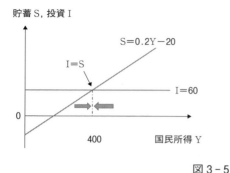
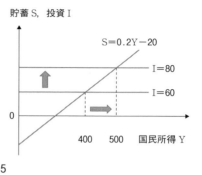

図 3-5

$$\begin{cases} I = S \\ S = 0.2Y - 20 \\ I = 80 \end{cases} \quad (3\text{-}24)$$

となる．これを解くと，新しい均衡国民所得は

$Y^{**} = 500$

となる．投資の20の増加が5倍の100のYの増加を生み出したことになる．この倍率の5は乗数と呼ばれる値であり，限界貯蓄性向の逆数（$5 = 1/0.2$）となっている．限界消費性向を c，限界貯蓄性向を s とすると，$c + s = 1$ となる．そこで，（3-20）式のマクロモデルでは，投資乗数は

$$\text{投資乗数}: \frac{\Delta Y}{\Delta I} = \frac{1}{1-c} = \frac{1}{s} \quad (3\text{-}25)$$

と表わされる．乗数効果は，有効需要の原理と合わせてケインズ経済学の中核をなしている．乗数効果が存在すれば，$Y^*$ が $Y_F$ よりも低い場合に，公共投資や政府支出を増加させる財政政策をとることによって，Y や N を増加させることができることになる．

## 4 IS-LM モデル

### (1) 流動性選好説

第2節で見た貨幣数量説では，MがPを決めていた．ケインズは，流動性選好説という考え方で，貨幣需要LとMがrを決定する理論を導入した．ケインズ型消費関数と並んで，流動性選好説もケインジアンの重要な理論的な基礎である．Lは，人びとの貨幣保有を表わす．貨幣を保有する重要な動機には，取引動機と資産動機（予備的動機および投機的動機）がある．

取引動機に基づくLは，経済活動（取引）を行っていくために，所得と支出の時間的ずれを埋めるための貨幣保有であり，経済活動の指標であるYに依存する．取引動機による貨幣需要を $L_1$ とすると，

$$L_1 = 0.2Y \tag{3-26}$$

となり，Yの関数として表わすことができる（図3-6(b)）．$L_1$ はYの増加関数（Yが増加すれば $L_1$ も増加する関数）である．

資産動機による貨幣需要 $L_2$ は，資産として保有される貨幣のことである．貨幣には利子がつかないが，債券需要（債券保有）にrが関係するので，$L_2$ はrの関数であり，安全資産の貨幣と危険資産の債券の間のrに依存した資産選択が考えられている．債券の価格は，rが高いとき低く，rが低いとき高くなる．これは，無限期間の確定利子付永久公債を例にとるとわかりやすい．無限期間の確定利子付公債の債券価格をP，確定利子をR，利子率をrとすると

$$P = R/r \tag{3-27}$$

という関係が成立するからである．この式から，rが上昇するとPが下落し，rが低下するとPが上昇する関係になる．そこで，将来の予想利子率が変化しない短期の場合には，rが低くなるとPが高いので債券を売って貨幣を保有し，rが高くなると貨幣を保有せず債券を保有すると考えられるのである．そのため，$L_2$ は，rが上昇すると減少するから，たとえば

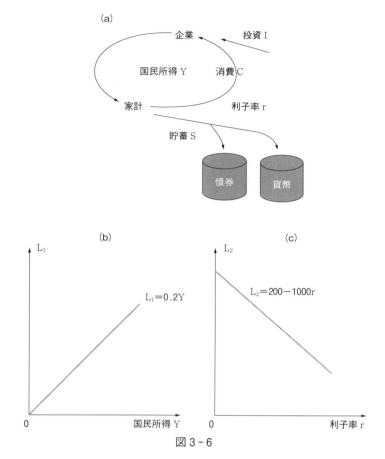

図3-6

$$L_2 = 200 - 1000r \tag{3-28}$$

という $r$ の関数として表わすことができる（図3-6 (c)）．

実質貨幣需要 $L$ は，$L_1$ と $L_2$ の合計である．そこで，$L_1$ が（3-26）式，$L_2$ が（3-28）式の場合には

$$L = 200 + 0.2Y - 1000r \tag{3-29}$$

と表わすことができる．貨幣市場の均衡は，

$$L = M/P \tag{3-30}$$

である．これより実質国民所得 Y が400，実質貨幣供給 M/P が240であるとすると，(3-29) 式を満たす均衡利子率は，Y＝400と M/P＝240を (3-29) 式および (3-30) 式に代入すると，r＝0.04となる．仮に Y＝400，r が3％で r＝0.03であれば，(3-29) 式から L＝250となり，L＞M/P となる．L＞M/P の場合には，r は上昇する．このように L と M から r を決定する理論が流動性選好説である．

### (2) IS-LM モデル

　IS-LM モデルは，生産物市場，貨幣市場，債券市場の3市場を均衡させる Y と r を説明する理論である．貨幣市場は現実には存在しない．それは理論的に捉えられた市場である．IS-LM モデルを数値例を用いて表わすと，

$$\begin{cases} I = S \\ S = 0.2Y - 20 \\ I = 80 - 500r \\ L = M/P \\ L = 200 + 0.2Y - 1000r \\ M/P = 240 \end{cases} \tag{3-31}$$

となる．ここで，(3-31) 式の第1式は生産物市場の均衡条件式，第2式はケインズ型の消費関数，第3式は投資関数，第4式は貨幣市場の均衡条件式，第5式は実質貨幣需要関数，第6式は実質貨幣供給を表わしている．式が6本で変数が6個であるので，連立方程式を解くと，均衡国民所得 $Y^*$ と均衡利子率 $r^*$ は

$$Y^* = 400 \qquad r^* = 0.04$$

となる．
　ところで，(3-31) 式の IS-LM モデルの最初の3つの式からは

$$r = 0.2 - (1/2500)Y \qquad (3\text{-}32)$$

が得られる．これは IS 曲線の式である．IS 曲線は生産物市場が均衡し，I = S となる場合の Y と r の関係を表わしている．他方，（3-31）式の第 4 式から第 6 式より，

$$r = -0.04 + (1/5000)Y \qquad (3\text{-}33)$$

が得られる．これは LM 曲線の式である．LM 曲線は貨幣市場が均衡し，L = M/P となる場合の Y と r の関係を表わしている．（3-32）式の IS 曲線の式と（3-33）式の LM 曲線の式を図に描いたものが図 3-7 (a) である．均衡国民所得 $Y^*$ と均衡利子率 $r^*$ は IS 曲線と LM 曲線の交点に対応している．

次に，図 3-7 (b) から公共投資の増加の効果を考えてみよう．公共投資が 15 だけ増加し，（3-31）式の第 3 式の投資関数が I = 115 − 500r となったとしよう．投資関数以外は同じ式であるとして，連立方程式を解くと均衡国民所得は $Y^{**} = 450$，均衡利子率は $r^{**} = 0.05$ となる．公共投資の増加により，Y は 50 増加する．もしも r が上昇しなければ，乗数効果の分の（1/0.2）× 15 = 75 だけ Y は増加するはずであるが，r が 1％上昇するため，民間投資が 500 × 0.01 = 5 だけ減少し，Y も（1/0.2）× 5 = 25 だけ消失する．この r 上昇による効果は**クラウディングアウト効果**と呼ばれる．（3-31）式で M/P = 240 ではなく

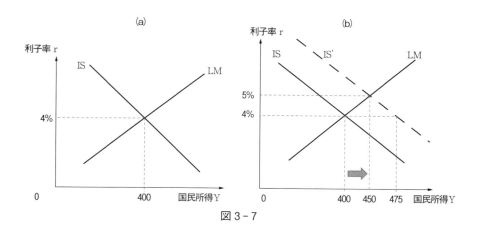

図 3-7

M/P＝255とした場合の均衡国民所得と均衡利子率は，読者の練習問題としよう．

## 5　物価と失業

### (1) ケインジアンの総需要・総供給モデル

ケインジアンの考え方に基づく物価水準の説明を行ってみる．ケインジアンの総需要(AD)曲線は，IS-LMモデルから導くことができる．IS-LMモデルが

$$\begin{cases} I=S \\ S=0.2Y-20 \\ I=95-500r \\ L=M/P \\ L=200+0.2Y-1000r \\ M=240 \end{cases} \quad (3\text{-}34)$$

と表わされるとしよう．この連立方程式体系は(3-31)式とほぼ同じであるが，貨幣供給は実質貨幣供給M/Pではなく，名目貨幣供給Mが240と与えられており，物価水準Pは変数となっている．そのため，(3-34)式は式が6本，変数が7個となっている．(3-34)式から，変数を消去していき，PとYの関係式を導出すると

$$P=\frac{400}{Y-50} \quad (3\text{-}35)$$

となる．これがAD曲線の式である．IS-LMモデルでは公共投資の増加やMの増加はYを増加させた．このとき，AD曲線は図3-8のように実線から点線にシフトする．

ケインジアンの総供給(AS)曲線は，古典派の図3-3(b)のような完全雇用水準での垂直線とは異なって，Yが完全雇用水準以下の水準では右上がりとなる．これは次のように説明される．非自発的失業が存在する下でWの下方硬直性がある場合には，$N^D$の側のみでNが決まる．第2節で見た例で説明し

てみよう．当初の W は時給1000円，パンは100円，したがって w は 1 時間当たりパン10個（10個／1 時間）である．このとき，時給1000円のままでパンの価格が125円になったとすると，w は1000円を125円で割って（8 個／1 時間）となる．W が一定のままで価格が上昇すると w が下がるので，企業が利潤を最大化する N は増加し，生産量も増加する．同様に，経済全体でも P が上昇すると Y が増加する．そのため AS 曲線は，図 3-8 のように右上がりになるのである．

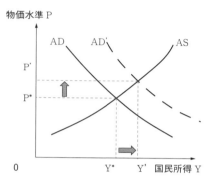

図 3-8　ケインジアンの総需要・総供給曲線

AS 曲線が右上がりである場合には，財政金融政策が有効となる．図 3-8 では，拡張的な財政・金融政策により AD 曲線が点線にシフトしている．このとき，P も P'に上昇するが，Y も Y'に増加する．

## (2) UV カーブ（ベバリッジ曲線）

第 2 節の古典派モデルでは，完全雇用が労働市場で実現するモデルであった．他方，ケインジアンのモデルは貨幣賃金の下方硬直性を仮定することにより，非自発的失業の存在が説明されている．

マネタリストは，これらの失業の考え方とは異なって，完全雇用と両立する失業の考え方を提唱している．$N^S$ は現在の雇用量 N と失業 U を足したものであるとする．また，$N^D$ は現在の雇用量 N に求人 V を足したものであるとする．そうすると，$N^S$ から $N^D$ を引いた値は，(N+U) - (N+V) となる．このとき，

U＝Vであれば，

$$(N+U)-(N+V)=U-V=0 \tag{3-36}$$

となり，完全雇用となる．しかし，U＝V＞0であるので，失業が存在する．このような失業は，非自発的失業とは区別して摩擦的失業あるいは構造的失業と呼ばれる．この失業は，図3-9(a)の均衡実質賃金$w^*$よりも高い$w_1$となるための失業Uや，$w^*$よりも低い$w_2$でwが据え置かれている場合の求人Vではない．摩擦的失業は，市場メカニズムが働いた場合の完全雇用を実現する賃金水準$w^*$での失業と考えてよい．UとVの関係を図にしたものが，UVカーブ（ベバリッジ曲線）である．図3-9(b)の45度線上の点Aでは，U＝Vとなっており，完全雇用とみなすことができる場合の摩擦的失業の大きさを示している．もしもUVカーブが右上の点線のUVカーブにシフトすれば，摩擦的失業が大きくなり，それは点Bで表わされることになる．

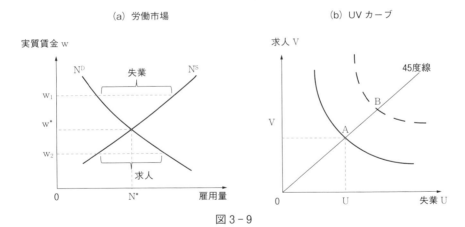

図3-9

### (3) フィリップス曲線

インフレーションと失業の関係に関する研究は，アルバン・フィリップスの1958年論文を発端として進んできた．フィリップス曲線は，貨幣賃金上昇率と失業率の負の相関関係（トレードオフ）を示すものであった．ポール・サミュ

エルソンとロバート・ソローは，それをインフレ率と失業率の負の関係に修正した．それを図示したのが図3-10(a)である．ケインジアンのサミュエルソンやソローのフィリップス曲線では，財政・金融政策により非自発的失業を減少させ，失業率を下げることが出来ると考えられている．しかし，フィリップス曲線が示すトレードオフ関係は安定的であるとされたことから，失業率の低下はインフレ率を高める結果となると考えられた．

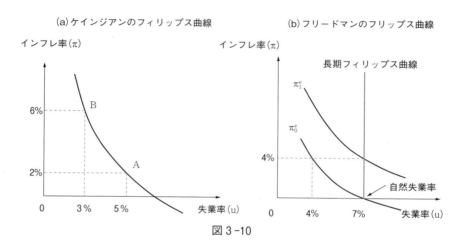

図3-10

これに対して，マネタリストのミルトン・フリードマンは期待インフレ率という考え方をフィリップス曲線に導入し，短期フィリップス曲線のシフトを主張した．期待インフレ率は，適応的期待形成に従うとされている．適応的期待形成は，過去の予想インフレ率と実際のインフレ率の乖離を修正して期待形成を行うものである．適応的期待形成の極端な場合である静学的期待形成は，1期前のインフレ率が3％であれば今期のインフレ率も3％であると予想する期待形成の方法である．これは1期前の状態がそのまま今期にも継続するとみなす期待形成である．

フリードマンは，現実のインフレ率の上昇により人びとの期待インフレ率が上昇すれば，短期のフィリップス曲線もシフトすると考えた．図3-10(b)では期待インフレ率が当初の$\pi_0^e$から$\pi_1^e$に上昇すると，短期フィリップス曲線が

上にシフトすることが描かれている．またフリードマンは，期待インフレ率の修正に伴いUが長期的に戻っていく水準を自然失業率と呼び，長期のフィリップス曲線は，右下がりではなく，自然失業率の水準で垂直になると主張した．

自然失業率に対応する雇用水準は，労働市場における実質賃金による調整によって実現する雇用水準であり，完全雇用とみなすことができる．したがって，自然失業率に対応する失業は，ケインジアンの非自発的失業とは異なる．失業が自然失業率以下の水準に低下するのは，拡張的な財政・金融政策などにより，労働者が賃金のみが上昇し，人びとがインフレ率が上昇していないと予想（静学的期待の場合）したり，インフレ率の上昇を過小評価（適応的期待の場合）したりするために，雇用量が増えるためである．しかし，インフレ率の上昇の予想（期待）の改定のプロセスで，失業率は自然失業率に戻っていき，短期フィリップス曲線も上方にシフトすると考えられている．

合理的期待学派のロバート・ルーカスは，図3-10(b)の短期フィリップス曲線のシフトを合理的期待形成の考え方により批判する．合理的期待形成仮説とは，利用可能な情報を効率的に利用することにより，人びとが期待形成を行うという仮説である．人びとが合理的期待形成に従って期待インフレ率を決める場合には，労働者の予想の誤りに基礎をおく短期フィリップス曲線は適切ではないことになる．

# 第4章 貨幣と金融の理論

## 1 貨幣と金融はなぜ必要か

　現代社会は，貨幣と金融が重要な役割を演ずる**貨幣的生産・交換経済社会**である．貨幣は，財やサービスのなかで売買対象となったすべての商品の価値を評価し，価格を設定する．価格設定された商品は貨幣を媒介に売り手と買い手の間で取引され，売り手の企業が生産した商品は貨幣によって買い手の家計にすみやかに移転・交換され，消費される．血液が**人体の潤滑油**として酸素や栄養物・ホルモン・抗体を体のすみずみに運び，体の末端から炭酸ガスと老廃物を取り去り，体調を維持するように，貨幣は**経済の潤滑油**として，生産者（供給主体）である企業と消費者（需要主体）の家計を仲介し，需要と供給の一致，さらに生産・交換・分配・消費の経済循環を円滑化する．

　貨幣は，① 取引相手がお互いに相手の供給する財やサービスを受容する**欲求の二重の偶然の一致**が見られ，② 財の**交換比率の容認**という2つの条件が満たされなければ成立しえない**物々交換経済の不便さ**を解消し，交換成立の可能性を飛躍的に高めていく．貨幣の役割はこれにとどまらない．貨幣自体が直接売買あるいは貸借されるのが金融であり，金融によって貨幣は主体的役割を演ずる．金融取引において，借り手が貸し手に借入れ金の返還を約束した債務証書が**金融負債**であり，貸し手からみれば貸付け金の将来の受け取りを証明する**金融資産**となる．貨幣が投資や消費といった具体的な形態をとると**資金**と呼ばれ，資金の貸借の価格が**利子率（金利）**である．

　金融が存在しない社会を考えてみよう．金融が無ければ，われわれは不便を強いられることになる．利潤獲得の絶好の機会に恵まれた企業にとって，**利潤極大化**のためには投資資金を調達して生産拡大することが使命である．しかし，

企業が生産拡大のために貨幣を借入れられないと，自己資金だけでは不可能であって，あきらめざるをえないかもしれない．金融の活用によって企業は生産拡大，利潤獲得が可能となる．家計も同様である．魅力的な商品や住宅を探し当て，今すぐ購入して欲求を満足したい家計にとって，手持ちの貨幣では足りないためにあきらめざるを得ないほど，悔しいことはないであろう．金融の助けを借りて貨幣を獲得し，希望する商品を手に入れることができるならば，家計にとってこの上ない喜びであり，消費の増加によって**効用（満足度）**は飛躍的に増大する．

借り手だけが喜んでいるわけではない．使い道に困って貨幣を余らせている経済主体にとって，借り手が現われて貨幣を借りたいと申し出てくれるのは，好都合である．貸し手は進んで余剰の貨幣を提供し，利子収入を獲得する．金融の存在は生産を拡大し，消費の増加を促すだけでなく，貨幣が何も使われずに遊休化してしまうのを防いで，利子収入という所得を生み出し，経済の拡大につながるのである．

現代社会は，情報が満ち溢れる**情報社会**でもある．**情報はもっとも重要な経済財**であるが，有益な正しいものばかりとは限らない．ときには，間違った情報があるかと思えば，やや正確さに欠く情報も存在する．経済主体間に情報ギャップが生じ，売り手が優位で買い手が不利となる逆選択や借金を返済しないモラル・ハザードといった情報の非対称性が，とりわけ金融の分野に発生しがちである．**貨幣は情報の代替財**であり，情報の正悪や優劣を判定するために自らを犠牲にして，その軽減におおいに貢献し，優れた情報を提供する．したがって，貨幣は価格設定と取引の仲介，そして情報の識別・伝達・生産を速やかに発揮するから，現代社会にとって必要不可欠な存在である．

わが国の経済は，1980年代後半から1990年代前半に貨幣と金融の急激な増加と減少により，**バブルの膨張と崩壊**という未曾有の経験をした．1990年代半ば以降は，**失われた20年**あるいは物価が持続的に下落する**デフレーション**に陥ったまま抜け出せず，それからの脱却が喫緊の政策課題となった．なかでも2008年9月に生じたリーマン・ショックは，アメリカ金融危機が世界同時不況にまで拡大し，円高・株安を招いてしまった．震源地アメリカ経済と同様に，わが国経済も2年連続マイナス成長に見舞われ，なかなか脱却できずにいた．2013

年4月から実施された**大胆な異次元量的・質的金融緩和政策**に基づく貨幣と金融の大幅な拡大が功を奏して，将来への期待形成の劇的な変更をもたらし，円高・株安を円安・株高に転換させた．久方ぶりに企業収益の改善と賃上げが実現し，ようやく景気回復とデフレからの脱却を果たすめどが一時的にせよついたのは，記憶に新しいことである．

以上から明らかなように，現代社会において貨幣と金融の影響と必要性は，理論的にも現実的にも証明されているといえよう．

## 2　貨幣のさまざまな機能

貨幣は，いつでもどこでも商品を購入できる**一般的即時購買力**と誰もが受入れる**一般受容性**，その場で支払いが済む**支払い完了性**の3つの特性を備えている．この特性を生かしながら貨幣は，まず**一般的交換・支払い手段**の機能を果たす．貨幣は売買対象の商品の価格を設定し，あらゆる商品と交換でき，支払いにあてることができる．商品の引渡しと貨幣の支払いが現時点の場合が一般的交換・支払い手段であり，商品の引渡しが現時点で支払いが後日であると**決済手段**と命名し，峻別していた．現在では，同時点取引と異時点取引を一括して，決済手段としている．

貨幣は**計算単位（価値尺度）**としても役立つ．これは，貨幣が**商品の価値を測る物差し**であることを意味する．円やドル，ユーロなどの貨幣の名称を使って，あらゆる商品の価値が貨幣の量で表示される．最後に，貨幣は**貨幣の価値貯蔵手段**としても機能する．貨幣には一般的即時購買力があり，貨幣を持っていればいつでもただちに商品を獲得することができる．貨幣は購買力という特性を他の金融資産より多く持っており，貨幣がこの購買力を現時点で行使しないで貯蔵され，将来の消費のために持ち越す場合，購買力という価値が蓄えられたとみなすことができる．

## 3　貨幣に対する需要

貨幣の需要とは，人びとが資産のうち貨幣をどれだけを保有するかである．

資産の保有には貨幣だけでなく債券や株式などの金融資産，土地や貴金属（金，銀，プラチナなど）といった実物資産も考えられるから，資産とりわけ金融資産全体のなかで，その一部として貨幣需要は決定される．貨幣需要は，貨幣が容易に他の金融資産に転換できる便利さと金融資産の保有から得られる収益性（利子率）の兼合いによって決まる．貨幣需要，すなわち流動性（現金に換える容易さ）選好とは収益性を犠牲にすることであり，利子率が上昇すればするほど貨幣需要（流動性選好）は減少し，収益性の高い他の金融資産が選好されることになる．貨幣での保有は，商品や安くなった他の金融資産をいつでも購入できる利点があるが，利子収入を得られない欠点がある．貨幣需要と貨幣供給で利子率が決まると論じたのが，ジョン・メイナード・ケインズの**流動性選好説**である．

人びとの貨幣保有動機には**取引動機**と**資産動機（予備的動機，投機的動機）**がある．取引動機は，一般的交換・支払い手段，決済手段と密接に関連しており，家計や企業が経済活動を円滑に営むために，相応の貨幣を保有する必要がある．所得が多くなると，取引動機に基づく貨幣需要も多くなる．資産動機のうち予備的動機は，病気などの不測の事態による支出や安定した老後のための金融資産投資に備えた貨幣保有であり，投機的動機はもっぱら金融資産の収益性に基づく貨幣保有を表わす．資産動機は価値貯蔵手段との関係が強く，利子率が低いときは貨幣保有を増加させて収益性を犠牲にしても代償は小さく，貨幣を保有して利子率の上昇を待つ．利子率の高いときは，貨幣保有を減少させ，流動性を犠牲にしてもその代償は大きいから，貨幣需要は減少する．全体の貨幣需要は2つの動機に基づく貨幣需要の合計であり，貨幣の機能と密接な関係があることが理解される．

## 4 貨幣の形態

わが国の貨幣として代表的なものが**マネタリーベース**であり，現金あるいは現金通貨とも呼ばれる．それは法的通用力を持った法貨であり，日本銀行が発行し，無制限通用力を持つ紙幣の1000円札，2000円札，5000円札，1万円札の日本銀行券と日本国政府が発行し，補助貨（硬貨）である1円，5円，10円，

50円，100円，500円から構成される．民間銀行が発行するのが普通預金や当座預金などの**預金通貨**であり，日々の決済におおいに活用されている．預金通貨は現金通貨よりはるかに多く発行され，流通している．

クレジット・カードやプリペイド・カードの普及，コンピュータを駆使した預金口座間の振替決済，**電子マネー**の定着は，現金通貨による決済が今後ますます減少していくことになろう．ただし，電子マネーはマネーを名乗ってはいるが，支払い完了性が欠如しているため，貨幣ではない．

**マネーストック**とは，世の中に出回っている通貨総量であり，M1とM2，M3，広義流動性から成る．現金通貨と全預金取扱金融機関の預金通貨を合計したのがM1であり，支払い完了性を完全に備えている．民間銀行が預金通貨より多く発行するのが定期預金などの準通貨であり，預金を解約すれば決済手段になりうる．これ以外に預金通貨に近く，無記名で他人に譲渡できる**譲渡性預金**（CD）も発行されている．

M1にゆうちょ銀行を除く国内銀行等の準通貨とCDを加えたものが，M2である．M3は，M1に全預金取扱金融機関の準通貨とCDを合計したものである．広義流動性はM3に何らかの流動性を持つと考えられる金融資産を加えたものである．金融政策の対象指標となっているのはマネタリーベースやM1，M2，M3であるが，実体経済との関係で特にマネタリーベースとM3が重視されている．

## 5 金融の機能と金融方式，金融取引

金融は現在と将来の異時点間貸借取引であり，貸し手と借り手の間で資金の仲介をする**金融仲介機能**がある．仲介技術を使って長期信用と短期信用を結びつけ，債券や株式などの本源的証券を預金証書や保険証書などの間接証券に変換する**資産変換機能**もある．金融取引では，将来の不確実性からリスクが生じ，それを誰が引き受けるかが課題であり，**リスク負担・配分機能**が求められる．情報の非対称性や情報コストが生じやすく，事前の審査や融資中の監視，事後の監査によって情報を収集・分析・評価し，有料で提供する**情報生産機能**が現代社会にとってもっとも重要な機能である．

金融方式には**直接金融**と**間接金融**がある．直接金融は，最終的貸し手と最終的借り手が本源的証券を直接売買して資金が移転するものであり，リスクはすべて最終的貸し手が負担する．両者を仲介する証券会社の役割は優れた情報を提供し，金融取引の効率化・円滑化を図ることにある．間接金融は，最終的貸し手と最終的借り手の間に銀行などの金融仲介機関が介在して資金が移転する．金融仲介機関が間接証券を発行して最終的貸し手から調達した資金で，最終的借り手発行の本源的証券を取得する取引であり，リスク負担者は最終的貸し手と金融仲介機関になる．

金融取引の形態には**相対（あいたい）取引**と**市場取引**がある．相対取引は特定の貸し手・借り手の信用度によって利子率が異なるから，一物多価となる．市場取引は，不特定多数の貸し手と借り手の間で一物一価が生じ，取扱う金融資産の市場性が高く，発行市場と流通市場がともに存在し，リスクの分散が可能である．金融方式と金融取引を組合せると，企業間信用を扱う**相対取引型直接金融システム**，貸出や預金，保険が代表的な**相対取引型間接金融システム**，投資家から集めた資金をまとめ，金融の専門家が金融資産に運用する投資信託が代表的な**市場取引型間接金融システム**，株式や国債，社債が取引される**市場取引型直接金融システム**に類型される．わが国の場合，家計が安全性・流動性を金融資産選択のもっとも重要な判断基準としているから，依然として相対取引型間接金融システムが主流である．

## **6** 金融市場

金融市場には，相対取引型市場の預金市場，貸出市場と市場取引型市場の**狭義の金融市場**がある．狭義の金融市場は1年未満の満期の金融資産を扱い，一時的資金過不足を調整する**短期金融市場**と1年を超える金融資産が取引される**長期金融市場（資本市場，証券市場）**，自国通貨と外国通貨の交換を扱う**外国為替市場**，先物・先渡しやスワップ，オプションの取引をする**金融派生商品市場**，住宅ローン債権のような相対取引型間接証券を市場取引型間接証券に変換する**証券化商品市場**に分かれる．これらのなかから主要な市場を取り上げることにしよう．

短期金融市場は，市場参加者が金融機関に限定される**インターバンク市場**と誰もが参加できる**オープン市場**から成る．インターバンク市場はコール市場と手形売買市場に二分されるが，要求（コール）すると直ちに返済しなければならないもっとも短期の取引を扱うのがコール市場である．コール市場の貸借金利をコール・レートと呼ぶが，その代表的なのが無担保で今日借りて明日返す**無担保コール翌日物金利**であり，日本銀行が**金融政策の操作目標金利**としている．手形売買市場は，満期の到来していない企業の振出し手形を売買するが，手形取引の減少にともない自然消滅している．オープン市場には**債券現先市場**と**債券レポ市場**，**譲渡性預金（CD）市場**，**コマーシャルペーパー（CP）市場**，**国庫短期証券市場**などがある．債券現先市場は国債の現物取引と先物取引を同時に行い，一定期間後に一定の価格で反対売買する条件付き取引の市場である．債券レポ市場は現金担保付き債券貸借取引の市場であり，現金を担保にして国債の貸借取引をする．CD市場は他人に譲渡できる自由金利の大口定期預金（CD）を扱う．CP市場は，優良企業が短期資金調達のために発行する**無担保約束手形（CP）**の市場である．国庫短期証券市場は，政府が発行する**割引短期国債（TB）**と**政府短期証券（FB）**を統合して統一名称とした市場であり，短期金融市場のなかでもっとも取扱い量が多い．

長期金融市場は，債券や株式などの有価証券が発行されたり，発行済みの証券が売買されたりする市場であり，資本市場とか証券市場とも呼ばれる．情報形成・伝播機能を持ち，証券発行企業の経営状態を反映して企業経営に対する**市場規律機能**を果たす．市場取引型直接金融と市場取引型間接金融にとって，必要不可欠な市場である．企業や政府の資金調達と投資家の資金運用を効率的に結びつけており，発行市場と流通市場がある．

発行市場は資金の仲介とリスクの負担・配分という金融の基本的機能を果たし，流通市場は証券の流動性を高め，証券の新規発行を円滑化する大きな役割を持っている．流通市場には，証券取引所で市場取引を行う**取引所取引**と証券会社の店頭で顧客と証券会社の間で相対取引をする**店頭取引**があるが，株式は前者，債券は後者でそれぞれ売買される．証券会社が資金移転の金融仲介機関として活躍して2つの市場を活発化させているが，取扱い量は流通市場が発行市場より圧倒的に多いので，価格決定力は流通市場が握っている．取扱う証券

によって債券市場と株式市場に分かれる．

債券市場は，政府や企業などが主に長期資金を調達するために発行する債券（債務証書）としての国債や地方債，社債などを取扱う市場である．債券市場では，債券が借入れ金であり，返済期限と期間中の確定利子の支払い，満期時の元本償還が義務づけられている．起債市場とも呼ばれる債券発行市場において，債券発行の大部分は国債であり，国債が債券のなかでもっとも信用度と流動性の高い資産であることと，財政赤字の穴埋めのために国債が大量に発行されていることが如実に反映されている．国債の発行は，公募入札方式がとられている．社債市場は，無担保原則や格付け基準が採用され，格付け会社や監査法人による発行企業の監視と情報提供の重要性が一段と高まっている．社債の発行は，証券会社をメンバーとするシンジケート団引受による均一価格販売方式が採用されている．債券流通市場は，発行市場以上にほとんどが国債の取引で占められている．

株式市場は，1970年代半ばまでは額面発行増資であったが，それ以降は**時価発行増資**が主流となっている．1980年代後半からは，大企業の銀行離れが進み，**エクイテイ・ファイナンス**（増資など新株発行による資金調達）が登場する．金融機関と企業の間で続けられてきた**株式持合い**が**時価会計**の採用の影響もあり，徐々に低下し，代わって外国人投資家の持ち株比率が上昇している．

もともと株主の権利には，権利行使の結果が当該株主個人だけにおよび，経済的利益に関係する**自益権**（利益配当請求権，残余財産分配請求権，株式買取請求権，新株引受権など）と，権利行使の結果が株主全体の利害に影響し，経営参加にかかわる**共益権**（議決権，提案権，株主総会招集請求権，取締役・監査役解任請求権など）があるが，わが国は長い間自益権が重視されてきた。しかし，近年では企業の不祥事も重なって物言う株主が増加して，共益権の行使が拡大している．

1996年の**日本版ビッグバン**は証券市場の自由化を促進させた．証券業の免許制から登録制への移行，取引所集中義務の撤廃と取引所外取引の登場，株式売買手数料の完全自由化，コンピュータ取引の容認とコンピュータ専業証券会社の活躍，新興ベンチャー企業向けの株式市場であるマザーズやヘラクレスの新設，投資家保護のための金融商品販売法と金融商品取引法の制定などが続々実

施され，証券市場の活性化が進展した．

## 7　各経済主体の金融行動

　家計，企業，政府，銀行といった経済主体は，それぞれの目的に従って異なった金融行動をとる．この点を個々の主体別に考察しよう．

### (1)　家計の金融行動
　家計は労働力の提供から得た所得を現在消費と将来消費，すなわち貯蓄にどのように割当てるかを，まず決定しなければならない．このプロセスにおいて，家計は**最大効用（満足）獲得**の意思決定を行っている．次に，貯蓄をどのような金融資産で保有するかを考えていく．この問題を解明してくれるのが，ジェームズ・トービンの**資産選択の理論**である．リスク回避をもっとも重視する家計は，金融資産の収益とリスクの最適な組合せを選択して，複数の金融資産を同時保有する．家計が選択する3つの代表的金融資産は，(a) もっとも流動性が高い貨幣（現金，預金通貨，定期預金），(b) 貨幣より流動性は劣るが，それ以上の収益が見込まれる債券（国債，社債），(c) 流動性が貨幣や債券に比べて大きく見劣りしてリスクも大幅に高いが，代わりにもっとも高い収益が期待される株式である．トービンの理論は，この三資産を同時に保有するモデルとして展開されている．

　わが国の家計は資産保有において，主要先進国のなかで**流動性・安全性**をもっとも重視している．全金融資産のうち貨幣の保有がバブル膨張時の45％台を除くと，常に50％台前半と主要先進国と比べて高い水準で推移している．27％程の保険に次ぐのが7％程の株式であり，債券は3％前後と最低である．部門別資金過不足においても，家計部門は最大の資金余剰主体に近年復活しつつある．

### (2)　企業の金融行動
　企業は**利潤極大化**をめざして，特に長期の設備投資行動のために資金を調達する．**ペッキングオーダー理論**に基づいて資金コスト最小化のために，投資額に応じてコストの低い順に内部留保，金融機関借入れ，社債発行，株式の時価

発行増資を適当に組合わせたり，ときには為替レートを勘案して外国での資金調達も実行したりしている．短期運転資金調達ではCPを発行し，コストの削減を図っている．

失われた20年において企業は家計部門を抜いて最大の資金余剰部門であったが，最近の景気回復にともない資金調達を大幅に増加させ，最大の資金余剰部門を再び家計に譲ろうとしており，資金不足部門に戻りつつある．

### (3) 政府の金融行動

政府の経済行動としては，本来の財政行動とそれに密接に関係する金融行動がある．政府は原則として，歳入の租税と歳出の財政支出を均衡させる．しかし，現代の政府は不況のみならず景気上昇期でも歳入を上回る歳出が生じ，歳出超過分は国債の発行によってまかなわれている．わが国の財政も同様であり，1970年代以降公共投資主導型経済を推進するために，国債が本格的に発行されるようになった．赤字財政が常態化して国債の大量発行が定着したのは，バブル崩壊後の1990年代前半からである．国債依存度は2012年度に48.9％とピークに達し，国債費は2015年度予算で24.3％と社会保障費に次いでいる．財政の硬直化と国債の大量発行が深刻化し，財政規律の喪失が指摘されている．

国債の大量発行は国債の大量累積を招き，ついには満期を迎えた国債が償還されないで借り換え債に置き換えられる有様であり，事態をますます悪化させている．もはやわが国の財政は金融の支援なしには成り立たなくなっている．1994年以降政府は最大の資金不足部門であり，日本銀行やゆうちょ銀行，かんぽ生命，都市銀行，地方銀行，信託銀行，保険会社，年金基金などからの借入れに依存し，国債を売却し続けている．日本銀行が国債購入を増加させていることは，中央銀行が政府の財政赤字を補てんして資金を供給する**財政ファイナンス**が懸念されている．

金融行動の別の側面が公的金融行動である．公的金融は**民業補完**の原則に基づき情報の非対称性や市場の失敗に対応し，国民生活の安定や産業の育成などを図るものである．公的金融機関としてはゆうちょ銀行，日本政策投資銀行，日本政策金融公庫などがあるが，特にゆうちょ銀行はよく知られており，庶民金融機関として高い評価を受けている．その他の公的金融機関のなかには独自

に**財投機関債**を発行して資金調達するものもあるが，政府が発行する**財投債**の資金におおむね依存しているのが現状である．

### (4) 銀行の行動と機能

金融取引には不確実性やリスクがともないがちであり，取引コストが高くなりやすい．金融の専門的知識を十分に駆使するとともに，質の高い情報を収集・分析・提供する金融仲介機関の存在は金融取引にとって不可欠である．金融仲介機関は金融仲介機能，資産移転機能，リスク負担・配分機能，情報生産機能の4つの機能を発揮するから，効率的資金配分とリスクの負担・分散と低下，取引コストの引下げをもたらす．金融仲介機関の行動を，銀行に焦点を合わせて考察していこう．

銀行は，金融仲介機関が持つ4つの機能に加えて，自ら発行する預金証書（債務証書）が預金通貨となる預金取扱金融機関（貨幣的金融仲介機関）として，**貨幣創造・供給機能と交換・支払い・決済機能**を果たす．銀行が社会の公共財ともいうべき通貨を発行することは，貨幣の社会的貢献につながる．銀行はミクロ的には，利潤極大化のために金融負債である預金証書を最大限発行するが，それがマクロ的にみると社会の発展もたらすことになる．負債の最大化が利潤極大化となるのは，銀行だけが持つ特徴である．アダム・スミスが唱えた**私的利益（利潤極大化）が社会的・公的利益（貨幣の供給）**に直結するまれな例といえよう．

**信用創造機能**は銀行のもうひとつの機能である．信用創造機能とは，銀行が預金通貨を創造することをいい，いっそう積極的な機能である．銀行が貸出しをする場合，貸出し額は借り手の預金口座に振込まれて，預金通貨が創造される．銀行が貸出しと連動して預金を設定したり，受入れた預金をベースに貸出したりすれば，信用は相乗効果が働いてますます創造されていく．預金の受入れと貸出しは銀行の本来業務であるから，銀行が本来業務を追及することが信用創造機能の発揮につながる．

# 8 わが国金融システムの変遷

わが国の金融システムが1960年代の高度経済成長時代から現在まで，どのように変貌を遂げてきたかをたどっていこう．

## (1) 全面的金融規制時代

わが国経済は1960年代に，他の先進諸国に例を見ない高度経済成長時代を実現し，年率10％を上回る高い経済成長率が持続した．当時，資金が絶対的に不足していたため，企業の旺盛な投資（投資が投資を呼ぶ）を金融面から低コスト資金の供給によって支える輸出・民間投資主導型経済を円滑に進行させるため，3つの規制を中心に全面的規制の金融システムが採用されていった．

規制の第1が金利規制である．1947年施行の**臨時金利調整法**に基づき，企業の投資環境を良好に保つために，均衡金利を大幅に下回る**人為的低金利政策**を実施し，各種の金利は規制され，低水準のままごく狭い範囲内（3畳金利あるいは4畳半金利）で変動するだけであった．第2に，業務分野規制があげられる．長短金融の峻別，銀行と証券，信託の完全分離，長期信用銀行や証券会社，信託銀行，信用金庫，信用組合，農業協同組合，漁業協同組合，労働金庫などの**専門金融機関の保護・育成**，民間金融機関と郵便貯金などの公的金融機関の共存が実行され，さまざまな金融機関が活動した．そのなかで金融機関の経営の健全性を図り，預金者と投資家の間で利益相反が生じないようにさまざまな規制と工夫がなされた．独占禁止法第9条に**純粋持ち株会社の禁止**を明記し，財閥の復活を阻止していった．

第3の規制は内外市場分断規制であり，上記2つの規制の効果を補強するために実施された．1949年施行の旧外国為替管理法は**資本移動の原則禁止・例外自由**を打ち出し，国内市場から国際市場の影響力を排除した．この規制により，わが国金融システムは事実上鎖国状態に置かれ，国際資本移動が禁止されて，海外の低利で良質な資金の流入が止まってしまった．

また，金融取引の安全性を確保するために，**有担保原則**が保証人制度とともに採用された．これらの規制をさらに強化したのが**公的関与**である．大蔵省は

裁量的規制監督機関として強い行政指導を発揮し，**護送船団型過保護金融行政**を推進した．規制と制限を駆使しながら，一金融機関たりともつぶさないよう個々の金融機関を手厚く保護してミクロの金融機関の倒産を回避し，金融恐慌という金融システムの安全，安定の崩壊を未然に防ぐマクロの金融・信用秩序の維持を同時達成させた．民間の補完のために公的金融も強化された．郵便貯金などの公的金融機関を育成するとともに，郵便貯金を資金調達手段として活用し，資金運用部を経由して財政投融資が実行された．貸出金利が人為的に低位に規制されていたため，銀行が企業行動をコントロールするわが国特有の**メインバンク制**が定着し，信用割当ても実施された．

以上3つの規制を中心にさまざまな規制が相互に影響し合いながら強化され，わが国金融システムの全面的規制が成立した．この全面的規制の下に登場したのが高度経済成長時代のわが国金融システムの4つの特徴，すなわち①**相対取引型間接金融の圧倒的優位**，②企業の**オーバーボローイング**（過度の借入れ），③銀行の**オーバーローン**（過度の貸出し），④**恒常的資金偏在**である．当時は資本が不足しており，唯一の資金供給者である家計は，所得水準は低いわりに消費が旺盛で，電化製品の購入欲求が高く，貯蓄残高も少なかったので，安全性と流動性を重視して，株式のような危険資産よりも安全資産の預金を選好した．そのため，直接金融取引よりも銀行との間接金融取引が選ばれ，相対取引型間接金融の圧倒的優位が確立した．資金需要者の企業はもっぱら銀行からの借入れに走り，オーバーボローイングが定着した．銀行，特に都市銀行は不足資金を地方銀行や日本銀行からの借入れ（日銀信用）によって充足し，これに積極的に応じたため，オーバーローンとなった．さらに都市銀行は恒常的借り手としてコール市場で穴埋めしようとし，地方銀行から絶えず借入れたため，銀行間で恒常的資金偏在が生じるとともに，コール・レートは唯一の自由金利となった．これら4つの特徴は①を除いて，現在では消滅している．

## (2) 混乱と調整の時代

1970年代になると，わが国経済は1971年の**ニクソン・ショック**や1973年と1978年の二度にわたる石油危機に見舞われ，スタグフレーション（不況下のインフレーション）が生じ，狂乱物価や第二次世界大戦後初めてのマイナス成長

を経験した．公共投資主導型経済が推進されたため，財政拡大のための国債の大量発行が実施され，資本の自由化による日本経済の国際化も到来し，**2つのコクサイ化**が生じた．金融の規制緩和が徐々に進められ，自由金利商品のCDやビッグ，ワイドが相次いで発売された．相互乗入れが開始され，国債発行の円滑化をめざして1982年に銀行法と証券取引法が改正され，それぞれ業務分野が拡大した．1973年から変動相場制に移行したため，資本移動の自由化が進み，1980年には新外国為替管理法が施行され，**資本移動の原則自由・例外禁止**に変更された．わが国の金融機関はすでに自由化されている先進国に進出して活発な活動を展開したため，依然として規制体制を採用しているわが国金融システムとの相違が国際的に問題視されるようになっていった．

### (3) バブルの膨張と崩壊の時代

1980年代半ばになると，わが国経済は一般物価水準が安定的に推移しているにもかかわらず，実物資産の土地の価格（地価）と金融資産の株式の価格（株価）がとりわけ高騰し，**資産インフレ**が生じた．1990年代に入ると，それらが暴落して**資産デフレ**になってしまった．すでにわが国経済は資本余剰時代を迎えていたので，金融自由化を実施している主要先進国と同様に，金融規制の必要性は薄れていた．遅ればせながら**金融弾力化**の取組みが開始され，金利選好意識の高まりを背景に，自由金利商品が続々と発売された．1993年に金融制度改革法が施行され，**業態別子会社方式**による他業態への参入が認められて相互乗入れが本格化したが，金融機関の倒産も始まった．1994年には**金利の自由化**が他の先進諸国に遅れてようやく実現した．他方で，金融国際化が加速し，1993年に**自己資本比率規制**が国際統一基準として合意され，量的拡大に歯止めがかけられていった．

### (4) 完全自由化時代

1990年代後半からわが国経済は失われた20年あるいはデフレーションに陥ってしまった．こうしたなかで，金融自由化が欧米主要先進諸国に比べて大幅に立ち遅れていることが判明し，早急な対応が求められた．この当時資本輸出が本格化し，完全金融自由化時代を迎えることとなった．その先駆けとなったの

がフリー，フェア，グローバルを合言葉にした1996年の**日本版ビッグバン**である．業務分野の垣根が撤廃され，相互乗入れが本格化した．独占禁止法が改正されて純粋持ち株会社の禁止が撤廃され，大手金融機関は持ち株会社を採用していった．金融グローバル化は外国為替管理法を廃止し，1998年施行の**外国為替法**によって実施された．金融機関のみならず企業，個人（家計），外国人を問わず誰もが自由に市場に参加できる**オープン市場**が誕生した．産業構造の転換により，実物資産を担保にした有担保原則が事実上崩れていき，**無担保原則**への転換と**格付け制度**が導入され，情報の全面開示と客観的評価が必要不可欠となっていった．

長い間続いた過保護行政に終止符が打たれ，市場メカニズムが活用されることとなった．市場参加者の自己責任原則が徹底され，競争促進とリスク負担が貫かれた．ミクロの金融機関の倒産が容認され，マクロの金融・信用秩序の維持は保たれて，ミクロとマクロが分離された．金融の素人を守るために預金保険制度を充実させ，金融商品販売法や金融商品取引法を制定していった．金融行政（規制監督行政）を大蔵省から分離し，金融庁にゆだねた．中央銀行の政府からの独立性を高めて金融政策の目標が速やかに達成されるために，**日本銀行法**が約半世紀ぶりに改正され，1998年に施行された．

さまざまな改革により自由化が制度的には進展したが，あいにく失われた20年に遭遇したとはいえ，預金金利や貸出金利などの価格競争や金融機関間の競争，多様で良質な金融サービス提供の観点から判断すると，実体は完全自由化にほど遠いといわざるを得ない．今後，本格的な自由化競争がすみやかに実行されることを期待したい．

## 9 金融政策とプルーデンス政策

金融政策は，日本銀行がマネーストックや利子率をコントロールし，最終目標の**物価の安定**を達成する政策である．金融政策には伝統的金融政策と非伝統的金融政策がある．

## (1) 伝統的金融政策

　伝統的金融政策は公定歩合政策，公開市場操作，準備率操作から成る．公定歩合政策は，日本銀行が民間銀行への貸出利子率である公定歩合を変更させ，市中金利に影響を与える．高度成長時代の代表的な金融政策手段であったが，現在では**信用秩序維持のための緊急措置的手段**といえる．公開市場操作は，日本銀行が公開市場で国債を売買して金融を調節し，売り操作は金融引締め，買い操作が金融緩和となる．国債の大量発行・累積の下で**金融政策の透明化**に寄与しており，理論的にもっとも優れた手段である．

　準備率操作は，準備預金制度の下で，銀行経営の安定と預金者保護のために預金の一定率を準備として日本銀行に無利子で強制的に預けさせる．準備率の変更は資金運用額を増減させ，金融が調整される．しかし，銀行経営の主体性をゆがめる危険性や対象金融商品の識別が困難であることから，単独で実施されることはない．

## (2) 非伝統的金融政策

　バブル崩壊後のわが国経済は失われた20年とデフレに陥いり，伝統的金融政策では見るべき成果を上げることができなかった．日本銀行は主要先進国の中央銀行のなかで，世界に先駆けて非伝統的金融政策を実施した．非伝統的金融政策は前例のない金融政策であり，ゼロ金利政策と量的緩和政策，インフレターゲット政策に分類される．ゼロ金利政策は1999年2月に初めて導入され，翌年の8月に解除された．次いで，2001年3月から2006年7月まで実施され，2010年10月から再開されて2013年3月まで続いた．政策金利の無担保コール翌日物金利を操作目標として定め，その金利から短資会社の仲介手数料を差引いた値を実質ゼロ％にして維持するものであった．ゼロ金利政策は三度実施されたが，効果の乏しいものであった．

　量的緩和政策は2001年3月にゼロ金利政策に代わるものとして実施され，2006年3月に解除された．それは操作目標を無担保コール翌日物金利から**日本銀行当座預金残高**に変更し，約4兆円の法定必要準備額を段階的に引上げて，大幅に上回る水準（最大30〜35兆円）に維持することによって市場金利を一段と低下させ，物価を安定的にゼロ％以上になるまで継続する政策であった．

しかし，企業の資金需要に応じて銀行が潤沢な当座預金をフル活用して資金供給することにより，総需要が増大して物価が上昇するという思わくは外れた．量的緩和政策も見るべき成果を上げられなかった．

インフレターゲット政策は将来のインフレ目標率を公表し，それを達成するために金融政策を運営するものである．インフレに悩まされてきた国が望ましい低いインフレ率まで引下げるために採用して成功した例はあるが，デフレの国が採用に踏み切ることはこれまでなかった．

2013年4月に発表されたアベノミクス3本の矢のうちのひとつが大胆な異次元量的・質的金融緩和政策であり，2.0％のインフレ目標率を設定し，デフレ脱却をめざすとした．異次元とは，2013年4月から2年程度で目標を達成する**時間軸政策**の採用を表わす．量的緩和は，金融政策の指標を無担保コール翌日物金利からマネタリーベースへの変更を意味する．質的緩和とは，国債のみならず上場型投資信託（ETF）や不動産投資信託（REIT），外債などのリスク金融資産にまで買入れ資産を拡大し，無期限に購入することである．それは日本銀行券の増加をめざして負債だけを考慮した日本的量的緩和政策から，国債に限定しないで民間証券も購入する資産サイド重視のFRBやイングランド銀行流の**積極的な量的緩和政策**へ転換したものである．

全く意表を突いた期待への働きかけが功を奏して，第1次効果は長年の円高・株安から円安・株高へプラスに働いたが，期待先行の実体経済の回復がいまだ積極的には評価できずに止まり，最終効果は不透明なままである．日本銀行は2013年度と2014年度にマネタリーベースを40％程度まで大幅に増加させたが，マネーストックのM3は3％程しか増加しなかったため，物価はマイナスからプラスの0％程度に達したものの，目標の2.0％には程遠いものであった．これは2つの変数を結びつける貨幣乗数が極めて低い水準にとどまったからである．貨幣乗数は公衆（家計と企業）の金融行動を表わす通貨・預金比率と銀行の貸出し行動を示す準備・預金比率によって定められるが，特に銀行の貸出し行動が鈍かったことが，貨幣乗数の低い値をもたらしたと考えられる．日本銀行は当初の2年程度の目標期間を延長して，インフレ目標を達成しようとしている．**できることは何でもやる**という強い意思の下で，日本銀行は追加的金融緩和政策を次々と実施しているが，いまだ効果は現れていない．

### (3) プルーデンス政策

　金融機関の規制監督がプルーデンス政策であるが，それには個別金融機関の経営をチェックする**ミクロ・プルーデンス政策**と金融システムの安定をめざす**マクロ・プルーデンス政策**がある．

　アメリカ金融危機，世界同時不況は金融政策の変更にとどまらず，プルーデンス政策の運営にまで影響を与えた．特にイギリスが顕著であり，1997年以降金融政策は中央銀行のイングランド銀行，プルーデンス政策は規制監督機関の金融サービス機構（FSA）に完全に分れていた．リーマン・ショック後の2010年からは一変し，銀行の銀行としての中央銀行たるイングランド銀行に金融機関の規制監督権限を再び委譲させた．イングランド銀行は金融政策を運営するに止まらず，プルーデンス政策まで担当することになった．こうしてイギリスでは，金融政策の運営権限とプルーデンス政策の規制監督権限がイングランド銀行に一本化され，一元体制が確立した．

　アメリカもイギリスに準じており，世界に例を見ない複数の規制監督機関の併存と相互監視システムを長い間採用し続けてきたが，銀行やインベストメントバンク，保険会社などジャンルを問わず大手の金融機関の規制監督権限をFRBに一括委任し，規制監督の枠組みを大幅に変更した．わが国の場合イギリスやアメリカとはまったく異なり，金融政策の運営が日本銀行，プルーデンス政策は金融庁が担当する二元体制である．

　EUユーロ圏の規制監督はさらに拡大している．ユーロ圏のある政府が認可した銀行はユーロ全域で活動できるため，銀行倒産の悪影響が当該国のみならず他の諸国にまで波及する．この対策として，2014年11月からはヨーロッパ中央銀行（ECB）が銀行監督を一元化し，破綻処理も2016年1月から一元化することとなった．一国のマクロ・プルーデンス政策にとどまらず，ユーロ全体にわたる共通の国際的マクロ・プルーデンス政策が展開されるまでに広がった．ECBはユーロ圏の金融政策の運営に止まらず，規制監督機関まで担当することとなったのである．

　中央銀行が物価の安定をめざす金融政策の実施主体であるとともに，銀行の銀行としての機能を復活させ，規制監督機関として金融機関と金融システムの安定の役割も担当させる一元体制がベターなのか，それとも二元体制の方が優

れているのだろうか．どのような方向が金融自由化における最適な金融政策の運営および規制体系であるかが，現在問われている．

**参考文献**
黒田晁生（2011）『入門金融（第5版）』東洋経済新報社.
晝間文彦（2011）『金融論（第3版）』新生社.
福田慎一（2013）『金融論』有斐閣.
古川顕（2014）『テキストブック現代の金融（第3版）』東洋経済新報社.

# 第5章 公共経済の理論

## 1 財政の現状

　本章では，公共部門すなわち政府の経済活動を考察する．政府としては，国や都道府県・市町村などの地方公共団体がある．まずはじめに，政府がどこからお金を集め，どこへ支出しているかをみるために，国の財政の現状をみてみよう．2015年度の国の**一般会計予算**の収入（歳入）と支出（歳出）を示したのが図5-1である．政府の歳入としては，税や公債金(国債の発行による借入金)などがあり，税の中では消費税，所得税，法人税の比率が高く，公債金の占める比率も高くなっている．政府の歳出としては社会保障関係費，国債費（過去に発行した国債の償還費と利払費），地方交付税（国から地方公共団体への使途自由な補助金）等の比率が大きくなっている．日本は長期にわたり，単年度において新たな借金が借金の返済を上回る財政赤字が続いており，国債の残高が累積している．2015年度末において財投債を除き復興債を含む普通国債の残高は807兆円程度に，対GDP比では160％に達すると予想されている．このような巨額の借金の残高は，国に限らず，地方公共団体についてもいえることであり，2015年度末において国と地方公共団体を合わせた長期債務残高は1035兆円程度に，対GDP比では205％に達すると予想されている．これは主要な先進国の中でも最悪の数字である．

　このように財政赤字が続いている理由として長期にわたる平成不況などによって経済活動が停滞し，税収が伸び悩んだこと，その一方で，景気対策として減税や公共事業などを過去に拡大したこと，さらに長期的な高齢化の進展で，年金，医療，介護などの社会保障に関わる費用が拡大を続けていることなどがあげられる．

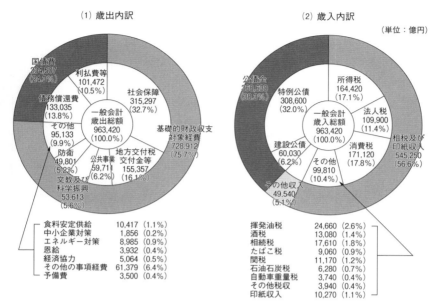

図 5-1　2015年度の一般会計予算

(出所) 大矢俊雄編著『図説　日本の財政 (平成27年度版)』東洋経済新報社.

　日本における財政の現状は上述のとおりであるが，財政は目的ではなく，手段である．政府には果たすべき役割があり，そのために，お金を集め，お金を支出する財政活動を行っているのである．民間経済では人びとから強制的にお金を徴収することはできない．財産権の侵害になってしまう．その点で政府は税という形で強制的に人びとからお金を徴収することができる．ただし，これは無制限というわけではない．過去の歴史において，受け入れられない税を強制した王制が打倒されたり，本国による植民地への課税が原因で戦争が起こり，新たな国が独立したりする例もあった．

　現代では，民主主義の形態をとっている国が多く，税の決定は日本のように人びとの信任を受けた議員で構成される国会での審議に基づいている．これを**財政民主主義**という．これは手続き面であるが，政治形態がどうあれ，人びとに受け入れられるために，どのような原則を満たすべきかという議論もなされ

てきた．これは租税原則としてまとめられている．これは後で論じる．

政府は税以外にも公債の発行による借金で収入を得ることも可能であるが，原則的にはいずれ返済しなければならないため，究極的な財源は税である．税の目的は炭素税のように税の導入自体による効果（二酸化炭素の発生の抑制）を狙ったものもあるが，ほとんどの場合が支出のための財源を得るためである．そして，支出は政府が政府として望ましい役割を果たすためになされるのであり，この役割が政府の存在理由ということになる．

## 2　市場の有効性

政府の役割を考える前に，市場の有効性について確認しておこう．現代の社会では，日本を含め多く国が市場経済を採用している．市場経済では，人びとは自由に消費活動を行い，企業は自由に生産活動を行っており，人びとは必要なもののほとんどを市場を通じて手に入れている．人びとはコンビニ，スーパーマーケット，インターネットのサイトなどで必要なもの，欲しいものを購入する．よく売れるものは，生産が拡大し，それが儲かることがわかると他の企業も参入して，企業間競争が生じる．競争に勝つには，安くて，品質のよいものを提供しなければならない．安くするには，コストダウンを行う必要があり，費用が抑えられ，資源の無駄遣いが減少する．したがって，市場に任せておくと，人びとにとって必要なものが，低費用，高品質で提供されることになる．社会の技術水準や資源制約の下で，社会にとって必要なものが低費用で生産されているということは，効率的な資源配分が実現していることを意味しており，その社会のさまざまな制約の下では物的にはもっとも豊かな社会が実現しているといえる．市場経済にはこのような利点があるため，それを活用することが有効である．

ただし，以下に示すように，市場経済は万能ではなく，それを生かすためのルールづくりをしたり，市場経済では，解決できない問題も存在している．ルールづくりやこれらの問題の解決には，政府の役割が期待されており，この役割を果たすことが政府の存在理由であるといえる．ただし，政府も市場と同様に万能ではなく，失敗する場合があることに注意が必要である．これについては

後述するが，以下では，まず，政府の役割からみていこう．

## 3　政府の役割

　人びとが安心して生きていくためには，自身の命と財産が守られていなければならない．適切なルールの下で，取引ができ，金銭の授受がなされなければならない．トラブルがあったときは，それは適切に処理されなければならない．そのためには，法律をつくり，守らせる必要がある．法律は公正につくられなければならず，トラブルの処理では，場合によっては，強制力をもつ組織も必要である．このような役割を民間で行うことは難しく，政府がその役割を果たすことが適当である．人びとの正当な権利が保護され，市場経済の前提となる円滑な取引が図られるためには，政府が司法制度を用意する必要がある．

　先にみたように，市場経済には効率的な資源配分を達成する機能があるが，万能ではなく，うまく解決できない問題が大きく分けて3つある．社会的に最適な資源配分，公正な所得分配，景気の安定化である．リチャード・マスグレイブは，これらの問題を解決することが政府の役割であると論じた．以下で，順次みていくことにしよう．

### (1)　社会的に最適な資源配分
#### 1）　公共財

　市場経済では供給されにくいものとして，①みんなが同時に利用可能なもの，②その際に料金を取れないもの，もしくは料金を徴収するためには，そのための費用がかかりすぎるものがある．①の性質は，利用（サービスの消費）における非競合性，②の性質は，利用（サービスの消費）からの非排除性と呼ばれるが，これらの性質をもつ財は公共財と呼ばれている．**公共財**の性質をもつ財は，ある人がそれを提供してくれれば，他の人がそれに「ただ乗り」できるため，だれもそれを進んで提供しない．したがって，社会にとって必要な財であるにもかかわらず，市場経済では供給されないので，その供給は政府の役割になる．具体的な公共財として，国防，警察，消防，一般的な道路などがあげられる．

## 2） 外部性

　市場では供給されるが，供給量が社会的にみて最適な量と乖離する場合がある．それは**外部性**（外部効果）が発生している場合と独占の場合である．通常の財であれば，その財から得られる便益は，それを購入した人のみが享受し，便益を享受した人のみがその対価（費用負担）を払う．便益と費用負担は取引に関わる人，すなわち買った人と売った人の中だけで閉じており，第三者に及ぶことはない．売り手も買い手も多数いる競争的な環境であれば，社会的に望ましい量（社会的な最適量）に等しい供給量が達成される．他方で，通常の財と異なり，第三者に便益や費用負担（損害）が生じている状態，すなわち外部性（外部効果）が発生している場合には，社会的に最適な供給量が達成されない．この場合には，政府による介入が正当化されている．第三者に便益が生じている状態，すなわち正の外部性（正の外部効果）が発生している場合には，その財の供給量は社会的に最適な供給量を下回るので，政府が補助金を出すことで，最適な量まで供給量を引上げることができる．他方で，第三者に損害（原状回復のための費用負担）が生じている状態，すなわち負の外部性（負の外部効果）が発生している場合には，その財の供給量は社会的に最適な供給量を上回るので，政府が税を課すことで最適な量まで供給量を引下げることができる．負の外部性の例として，二酸化炭素などの温暖化ガスを発生させる経済活動があげられる．温暖化ガスは地球温暖化の原因となり，第三者に異常気象による作物の不作や異常気象による洪水被害などをもたらしている．第三者が負う費用は温暖化ガスを発生させる経済活動に関わる人の負担となっていないため，その分，経済活動に関わる費用が安いと感じて，供給量を過大にしてしまうので，それを是正するために，炭素税を課すことが有効である．

## 3） 独　占

　市場の有効性でみたように，市場のメリットが発揮されるのは，企業が競争状態にあることである．市場に1社しか存在しない独占の状態になると，競争のメリットが生かせず，市場の有効性が損なわれてしまう．市場は通常の場合，競争的な環境下にあるが，市場に任せておいても，自然と独占が成立してしまう状況が存在する．このような状況になるのは，企業の費用構造が特殊な場合

である.具体的には,生産を増やせば増やすほど,生産物の1単位当たりの費用すなわち平均費用が低下し続けるケースである.このようなケースに当てはまるのは,巨額の固定費用がかかる産業であり,電力,ガス,水道などが当てはまる.これらの産業は**費用逓減産業**と呼ばれ,1社が生産することで,単価がもっとも安くなるため,自然に独占となる.このような状況は**自然独占**といわれている.

企業が1社しかない独占においては,競争相手がいないので,独占企業が価格を決めることができる.市場において1社しかないので,市場の需要曲線が独占企業の需要曲線となり,独占企業が需要曲線上の好きな点で生産量と価格の組み合わせを決めることができる.独占企業が利潤最大化行動をとるとすると,利潤が最大になる点は限界収入と限界費用が等しくなる生産量であり,その量を売りつくせる需要曲線上の点に価格を設定する.利潤最大化行動がとられると,供給量は社会的純便益が最大になる社会的に最適な供給量よりも少なくなり,価格は社会的に最適な価格より高くなる.それゆえ,供給量を社会的に最適な量に近づけるために,政府による価格規制が正当化されている.

価格規制の種類としては,**平均費用原理**や**限界費用原理**がある.平均費用原理による価格規制では,需要曲線すなわち平均収入曲線と企業の平均費用曲線が交わる点で価格と生産量が決定される.独占と比べて,価格が低下し,生産量が増加し,社会的純便益が増加する.社会的純便益を最大化するに至らないものの,この場合には,企業の収支が均衡するため,独立採算が可能である.

限界費用原理による価格規制では,需要曲線すなわち限界便益曲線と企業の限界費用曲線が交わる点で価格と生産量が決定される.この場合に,独占や平均費用原理と比べて,価格がもっとも低く,生産量はもっとも多くなり,社会的純便益が最大化される.ただし,平均費用が低下しつつある状況下での限界費用は,常に平均費用を下回るため,限界費用原理による価格決定では,生産物1単位当たりの費用が回収できずに,企業に赤字が発生してしまう.そのため,この企業を存続させるためには,赤字を補てんする措置が必要になる.ひとつの方策が政府による補助金の投入であり,もうひとつの方策が2部料金制の採用である.後者は,限界費用原理で決まる価格を従量料金として利用者に課し,赤字分は基本料金として,各利用者に均等に負担させるという方策であ

る．

　なお，費用逓減産業すなわち自然独占の産業は，時代によって異なるということに注意が必要である．技術進歩などによって，費用逓減産業でなくなる可能性がある．たとえば，電話はかつて固定式であり，電線や電話ボックスなどの設備のために巨額の固定費用が必要であった．しかし，技術進歩によって，電波を飛ばす携帯式の商品化が可能となったため，費用逓減産業でなくなり，携帯電話の料金規制もなくなった．現在では，通常の市場と同様に企業間の競争がなされている．

## (2) 公正な所得分配

　市場経済では，人びとの所得は労働市場で決まる．労働市場において，労働者も企業も多数であり，競争的であれば，所得（賃金）は，企業の収入増に貢献した度合で決まる．労働生産性が高かったり，その人のパフォーマンスに対して人びとが多くのお金を払いたくなるような特殊な能力も持っている人の所得は高くなる．人びとの能力に関しては，教育が重要な影響をもつが，潜在能力があるにもかかわらず，たまたま経済力のない親の下に生まれてきた子は，十分教育が受けられず，低い所得にとどまるおそれがある．これについては，本人の責任ではなく，偶然が左右するため，機会の平等を保障するために，税による無償の義務教育が正当化されている．

　また，所得分配の結果については，**生存権**の保障の観点から，すべての人びとに最低生活を保障する公的扶助（生活保護）が政府の役割として認められている．さらに，現実の労働市場は不完全な面もあり，コネや運など本人の能力によらない要素も入っているため，過度の所得格差は是正されている．具体的には，累進課税や相続税などの導入である．

## (3) 景気の安定化

　現実の市場経済を観察すると，景気が過熱してバブルが発生したり，景気が低迷して，不況が長引いたりしており，必ずしも景気が安定しているわけではない．これには，人びとが好況期には楽観的になり，不況期には悲観的なるというような心理的な要因が影響していると考えられる．

景気は好不況の波があるよりも,安定していたほうが望ましいため,政府による景気の安定化政策が認められている.具体的には,需要が不足する不況期における政府支出の増加や減税であり,需要が過大な好況期における政府支出の減少や増税である.

## 4 政府の失敗

市場の失敗が発生しているとき,政府の介入が正当化されているが,政府の介入がうまくいかない場合がありうる.

第1に,政府が介入しても市場の失敗がうまく是正されないケースである.政府による公共財の供給では,公共財の最適な供給量は,人びとが公共財から得る便益の合計(社会的総便益)から公共財の供給に関わる費用(総費用)を差し引いた総余剰(社会的純便益)が最大になる水準であるが,政府が人びとの便益を正確に知ることは難しい.したがって,政府が公共財の最適な量を供給することも難しい.政府による外部性の是正の場合では,負の外部性をともなう財の社会的に最適な供給量の水準は,その財から得られる総便益から,その財の生産費用と負の外部性で生じる費用(第三者に対する損害(費用))の合計(社会的総費用)を差し引いた総余剰が最大になる水準であり,政府はその水準で取引がなされるように課税を行う必要がある.しかし,この場合も,政府が負の外部性の大きさを正確に知るのは難しいため,最適な課税を行うことも難しい.政府による景気の安定化政策では,消費者の消費行動や企業の投資行動を予測して,財政政策を運営する必要があるが,これを正確に予測することは難しい.そのため,政府がどの程度の規模の政策を行うべきかを正確に決めることは難しい.また,経済は刻々と動いているので,適切なタイミングで政策を発動することも難しい.

第2に,政府が市場経済に介入することで,問題が解決したように見えても,介入自体が,新たなインセンティブを生み,新たな問題を発生させるケースである.たとえば,道路建設などの公共事業の目的は,公共財を提供することにあるが,道路建設は建設業に収入をもたらし,その地域の雇用の増加に貢献するという側面もある.後者の側面が強くなると,道路建設の目的が変容して,

道路を使用する人がいるかいないかは二の次になり，地元の雇用維持のために道路をつくり続けるという事態が生じる．

　第3に，政府の決定が民主主義のプロセスを経ていることにまつわる問題である．民主主義では，選挙によって政治家が選ばれるため，政治家は投票者の気に入る政策を提示しようとする．景気の安定化の観点からは，不況期には政府支出の増加と減税が，好況期には政府支出の減少と増税は望ましいが，投票者にとって増税や政府支出の減少は，痛みをともなうため，選挙で当選したい政治家はこのような政策をとることが難しい．したがって，財政赤字が常態化するおそれがある．これはジェームズ・ブキャナンとリチャード・ワグナーが指摘した点である．

　市場の失敗を政府が是正しうることが，理論上は示せるが，現実にそれが可能であるかについては，留保が必要であることに注意すべきである．

## 5　租　　税

　政府の財政は収入と支出からなるが，収入のうちで大きな比率を占めるのが税である．税は財源調達を主目的としないものと財源調達を主目的にするものに分けられる．前者の例としては，負の外部性を是正するための課税や景気を安定させるための増税や減税がある．後者は必要な支出をまかなうために行う課税がこれに当てはまり，ほぼこの理由のために課税がなされているといえる．

　先に見たように，民主主義国では，課税において民主的な手続きがとられているが，民主的な手続きが取られたからといって何を行ってもよいというわけではなく，課税において守るべき原則があると考えられている．これは**租税原則**と呼ばれており，アダム・スミスとアドルフ・ワグナーによるものが有名である．以下で，それを見ていこう．

　**アダム・スミスの4原則**とは，公平性，明瞭性，便宜性，徴税費最小からなる．公平性とは税負担が公平であることを意味し，明瞭性は税の支払い時期，方法，金額等が明瞭であることを意味する．便宜性は税を支払いやすいことを意味し，徴税費最小は，文字通り，徴税費ができるだけかからないこと意味する．

アドルフ・ワグナーの4大原則・9原則とは，次のような内容である．4大原則とは，財政政策上の原則，国民経済上の原則，公正の原則，税務行政上の原則である．それぞれの原則はさらに合計9つの原則からなる．財政政策上の原則は，課税の十分性，課税の弾力性から成り，前者は支出をまかなうのに税収が十分であることを意味し，後者は支出の変化に税収も対応できることを意味する．国民経済上の原則は，正しい税源の選択と正しい税種の選択から成り，国民経済の発展を阻害しない税源や税種を選択すべきことを意味する．公正の原則は，課税の普遍性と**課税の公平性**から成り，前者は課税が国民の一部の層に偏らないことを意味し，後者は課税が公平であることを意味する．税務行政上の原則は，課税の明確性，課税の便宜性，最小徴税費への努力から成り，いずれもスミスの原則と重複する．

以上の租税原則を要約すると，課税において，公正（公平），中立（効率），簡素（便宜），税収の確保が要請されるといえる．以下では，この中でも特に重要な原則として，公正（公平）と中立（効率）をみていこう．

## (1) 公平な課税

望ましい税の原則として，公平はもっとも重要であろう．人びとが課税において不公平な扱いをされていると感じるならば，政府への不満が高まり，その政府は持続していくことは困難であると考えられる．公平には2つの公平がある．水平的公平と垂直的公平である．**水平的公平**とは，「同じ状況であれば，同じ扱いをする」ということであり，**垂直的公平**とは，「異なる状況であれば，異なる扱いをする」ということである．課税に当てはめてみると，ここでいう状況として，「政府支出を通じて納税者が受けた便益」と「納税者の負担能力（担税力）」の2つが考えられる．前者に注目したのが応益課税であり，後者に注目したのが応能課税である．応益課税とは，政府支出から受けた便益の大きさに応じて税負担をするというものであり，応能課税とは，納税者の負担能力（担税力）の大きさに応じて税負担をするというものである．そして，現在採用されている税のほとんどが応能課税によるものである．その理由は，これによらないと，必要な税収が集められないためであると考えられる．

応能課税における納税者の負担能力（担税力）の尺度としては，所得，消費，

資産の3つがある．所得は「稼げる力」に注目したものであり，具体的な税として所得税や法人税がある．消費は「支出できる力」に注目したものであり，具体的には消費税がある．資産は「持てる力」に注目したものであり，具体的には固定資産税や相続税がある．所得課税と消費課税の比較のところで後述するが，それぞれの尺度には長所と短所があるため，ひとつに特化すると，その短所も強化されてしまうので，所得，消費，資産それぞれの課税をバランスさせた課税がなされている．

### (2) 効率的な課税

望ましい課税の原則として，効率（中立）も重要である．これは税が民間の経済活動（取引活動）をなるべく阻害しないように課されるべきであるというものである．少しわかりにくいので，例をあげて説明してみよう．

ここに，非常に魅力的な携帯ストラップがあるとしよう．これが500円で売られており，そのうち400円が生産費用，100円が生産者の利益としよう．ある消費者がこれを気に入り，600円出しても買いたいとしよう．課税がなされなければ，取引は成立して，生産者は100円の利益を手にして，消費者は100円得した気分になる．取引が成立することで，生産者と消費者を併せた社会全体で合計200円分の便益が新たに生まれることになる．取引は取引の当事者が取引をしないよりしたほうがよいからするのであって，取引がなされたということは，取引前と比べて，取引後のほうが当事者の便益は増加し，経済状態がよくなっているといえる．

ここで，この携帯ストラップに200円の税が課されるとしよう．すると価格は700円になるため，この取引は成立しなくなる．課税がなされる前は取引が成立して社会全体で200円の便益が生まれていたが，課税がなされることで取引が阻害され，生まれていたはずの200円は生じなくなる．これは社会にとっての損失であり，これを死重損失と呼ぶ．この損失は社会にとって無駄を意味しており，非効率が生じていることを意味している．

**課税の効率性**（中立性）とは，課税によるこのような非効率がなるべく発生しないようにすべきという原則である．非効率は課税が取引を減少させることを通じて発生するため，効率性の原則から望ましい課税とは，税を課しても取

引量を減少させない取引に課税することである．このような取引としては，必需財の取引がある．たとえば，食料品などの生活必需品は，それを買わないと生存できないとすれば，必要な量は必ず買うのであり，そのときの便益は無限大であり，無限大の便益から税負担を引いても，便益は無限大のままであり，課税により便益の損失，すなわち非効率は生じていないことになる．効率性の観点から必需財の取引に課税をすることは望ましいが，現実はむしろ逆であり，消費課税において，食料品などには他の財より軽減された税率が適用されるケースが一般的である．この理由は効率より所得分配の公平，すなわち低所得者の税負担を配慮したためである．低所得者のほうが高所得者よりも消費全体に占める必需品への支出の割合が高いので，必需品の取引への税負担を軽くすることで，相対的に低所得者の税負担を軽減しようとするものである．

## (3) 所得課税と消費課税

　ここでは，税のうちでも代表的な所得課税と消費課税を取り上げ，2つの税の違いを考察してみよう．今，1人の個人がいるとしよう．この人は若年時にある一定の労働所得を稼ぎ，その一部を若年時の消費に割り当て，残りを貯蓄し，貯蓄とそれに付いた利子所得を老年時の消費に割り当て，すべて使い切って死んでいくとしよう．課税対象に税額を含むグロスの税率や労働所得などはすべて同じとして，課税ベースのみを変えるものとしよう．課税ベースは，所得と消費であり，前者が所得課税，後者が消費課税である．このとき，この人の生涯を通じた税負担は，所得課税と消費課税のどちらで重くなるだろうか．直感的な説明は以下のとおりである．消費力をもつ財力の源泉はすべて若年時に稼ぐ労働所得から発生する．これが入口である．そして，若年時と老年時それぞれでこの個人が行う消費が出口である．入口と出口はイコールなので，所得課税が入口の労働所得のみに課税すれば，出口に課税する消費課税と同じ税負担になる．しかし，所得課税の場合に，利子所得にも課税されるので，利子課税の分だけ，生涯の税負担は，所得課税のほうが消費課税より重くなるのである．

　さらに，所得課税の場合には，若いうち多くを消費する浪費型の人と若いうちは節約してなるべく貯蓄を多く残そうとする倹約型の人で，生涯の税負担に

違いが生じる．倹約型の人のほうが，貯蓄が多い分だけ，利子所得も増えるので，税率を一定としても，税負担が増える．所得課税の場合には，人の性質の違い，すなわち倹約的か否かで税負担が異なり，倹約に対して懲罰的な税といえる．ただし，倹約により，利子分だけ財産が増えているので，その分担税力も増し，その分税負担が増えるのは公平であるという見方もできる．なお，消費課税は，倹約的か否で税負担が変わることはない．

次に，課税のタイミングと日本で実施されている徴税方法の観点から所得課税と消費課税の違いをみていこう．第1に，課税のタイミングである．個人に対する所得課税は若年時に集中するため，労働意欲を削ぎ，労働供給を減少させる可能性がある．ただし，個人が労働供給を減らすか否かは，代替効果と所得効果の大小関係で決まる．労働所得に対して課税（もしくは増税）がなされると，働かずに余暇をとることで犠牲となるもの，すなわち失う賃金（機会費用）は低下するため，労働から余暇への代替が発生する．これが**代替効果**である．他方で，課税（もしくは増税）により所得が低下するため，余暇に対する需要が減少する．時間の使い方が余暇時間か労働時間かのどちらかしかないとすると，余暇への需要が減少するので，労働供給が増加する．これが**所得効果**である．労働所得に課税（もしくは増税）がなされると，代替効果は労働供給を減らす方向に働き，所得効果は労働供給を増やす方向に働くため，前者が後者を上回ると，労働供給は減少する．

消費課税の場合の課税のタイミングについては，個人の消費が生涯にわたりほぼ平準化しているので，課税の時期も生涯にわたりほぼ平準化される．老後も消費を通じて課税されるため，課税に備えて貯蓄も増加する．貯蓄が投資に回るとすれば，投資が資本ストック（機械など）を増加させ，経済成長を引上げる効果をもつ．

第2は，日本において実施されている徴税方法に起因する違いである．個人に対する所得課税は，納税者を対象にしているので，納税者の個別の事情を考慮できる．たとえば，子が多いなど扶養すべき家族が多い場合には，扶養控除により課税対象となる所得を減少させることで，税負担を減らすことができる．日本の消費課税は間接税であり，取引を対象としているため，納税者の個別事情は考慮されない．なお，所得課税における納税者の個別事情の考慮は，垂直

的公平から望ましい面もあるものの，どこまで個別事情を考慮するかで恣意性が入る可能性があることに注意が必要である．

また，日本では，所得課税において給与所得者の納税方法は源泉徴収であるが，事業所得者（自営業，農業）は自己申告である．源泉徴収は給与の支払い段階で企業（雇い主）が，従業員（給与所得者）の税を差し引いて支給するものである．源泉徴収の場合は所得がほぼ完全に捕捉されるため，稼いだ所得に対応した税がとられる．他方で，事業所得者は自己申告なので，実際より少なく所得を申告するなどの誘因が働き，同じ所得でも給与所得者よりも事業所得者のほうが税負担が少なくなる可能性がある（水平的不公平）．

以上のように，所得課税と消費課税には長短があるので，ひとつに偏らず，併用されている．

ここで，企業の所得（利潤）に対する税（法人課税）について言及しておこう．注意しなければならない点は，外国の影響を強く受けるということである．グローバル化の時代では，多くの企業が世界展開しており，企業の立地において，企業に対する税負担を考慮すると考えられる．他国と比べて，重い税を課していると，企業が海外に出ていき，国内の雇用や税収が失われる可能性がある．現状では，世界的に法人課税を軽くする傾向にあるが，日本もこの傾向に合わせざるをえない．また，企業への課税は企業の利益と連動しているために景気に左右されやすく，好況時には税収が大きく増加し，不況時には税収が大きく減少するという特徴をもつ．

## 6　福祉国家と社会保障

前節までは，財政活動のうちの収入で大きな役割を占める税について論じてきたが，ここでは，支出に議論の焦点を当てる．国の歳出をみてみると，社会保障関係費がもっとも大きな比重を占めている（図5-1を参照）．しかし，これは税からの支出に関わる部分であり，社会保険料からの支出も加えた社会保障給付費は，厚生労働省の推計によると，2015年度において116兆8000億円に達すると予想されている．この金額は2015年度の国の一般会計予算の歳出総額（96兆3420億円）を上回っており，主要な先進国と同様に日本も**福祉国家**とみ

なすことができるであろう．

　国の歳出における他の項目のうち公共事業や防衛は公共財に含まれるものであり，公共財については前述した．社会保障の中でも大きな比重を占めているのが，年金，医療，介護の社会保険であり，それぞれ老後生活のリスク，病気のリスク，要介護のリスクに対処するものである．**夜警国家**の時代では，人命や財産の安全が国家の役割として要請されていたが，福祉国家の時代では，老後においても生活費に困らないこと，病気になっても医療が受けられること，要介護になっても介護サービスが受けられることなど，安心できる生活の保障も政府の役割として要請されるようになっている．

　ただし，国家が発展して成熟した段階になり，社会保障制度の整備が可能になると，経済の低成長と少子高齢化も進むため，財源や福祉人材の不足が生じて，社会保障制度の持続が難しいという問題に直面することになる．これは，日本においても克服しなければならないもっとも大きな問題のひとつといえる．

　年金，医療，介護はそれぞれ老後生活，病気，要介護のリスクが発生したときに必要になるものであり，保険制度によって対応することが可能である．各人がそれぞれのリスクに対して個別に対応するならば，備えとしての蓄えを多く必要とするが，保険を通じて集団を形成し，保険料をプールすることでリスクをシェアすれば，各人の備えは少なくて済むというメリットがある．ただし，年金，医療，介護の対象となるリスクに任意加入の民間保険を適用すると，保険会社と保険対象者の間で**情報の非対称性**が発生する可能性がある．保険対象者は，保険会社と比べれば，自分のリスク（長寿，病気，要介護のリスク）についてよく知っているため，保険会社の提供する保険に対して，それに加入して得しそうな高リスク者のみが加入し，損しそうな低リスク者は加入しないおそれがある．これを**逆選択**というが，この場合には，この保険は赤字になり，保険が成立せず，保険が提供されないおそれがある．

　他方で，保険会社が保険対象者のリスクについてよく知っている場合（完全情報）には，利益を上げるために，リスクの少ない保険対象者のみを加入させ，給付がかさむ高リスク者や負担能力の弱い低所得者を排除しようとするかもしれない．これを**クリームスキミング**（いいとこどり）と呼ぶが，高リスク者は

難病者，高齢者，低所得者などの社会的弱者であるため，社会的な公正の点で問題が生じる．したがって，これらの問題を回避するために，日本では，年金，医療，介護に対して，強制加入の社会保険が採用されている．

### (1) 年金保険

年金制度は若年時に保険料を払い込み，老後に年金が受け取れる制度であり，運用のための財政方式として積立方式と賦課方式がある．**積立方式**とは，ある世代が退職後に受け取る年金は，若年時（勤労時）に保険料を支払うことで積み立てておき，積み立てておいた保険料とそれについた運用益を退職後に年金として受け取る方式である．他方で，**賦課方式**とは，ある世代が受け取る年金は，そのときに働いている若年世代の保険料でまかなう方式である．積立方式は自分の世代に頼る制度であり，賦課方式は子の世代に頼る制度である．日本は積立方式の下であるべき額より少ない積立金しか保有していないので，実質的に賦課方式に近い制度になっている．

ここで，保険料の支払いと年金の受取りの観点から，どちらの制度が有利かを考察してみよう．積立方式が有利になるのは，積み立てた保険料をいかに増やすかに依存しており，これは積み立てた保険料の運用利率（たとえば，利回り）に依存する．賦課方式では，受け取る年金は子の世代の保険料の大きさに依存している．子の数が多く，それぞれ子の所得が高ければ，保険料収入も多く入るので，受け取る年金も多くなる．以上のことを単純化していえば，積立方式は利回りに依存し，賦課方式は人口成長率と所得成長率の和に依存しているといえる．それでは，今の日本でどちらを採用したほうがよいだろうか．残念ながら，利回り，人口成長率と所得成長率の和のいずれも低い水準になっており，いずれの方式でも，老後の年金の増加は難しい状況である．なお，日本では，年金の積立金の運用を債券から株式にシフトさせており，ローリスク・ローリターン型の堅実な運営から株価の変動の影響も受けるハイリスク・ハイリターン型の運営に変わりつつある．

日本の年金制度が賦課方式に近いということで生じる大きな問題がある．賦課方式は次の世代に頼る制度なので，人口が一定であれば，問題は生じないが，人口が変動すると，世代間の不公平が生じてしまう．受け取る年金は一定額の

仮定の下で，ある世代を考えた場合に，前の世代の人口が少ないと，支えなければならない人が少ないので，負担が少なくて済むが，前の世代の人口が多いと，支えなければならない人が多いので，負担が大きくなる．日本は戦後に人口が多いベビーブームを経験した後で，現在では人口減少の局面に入っている．人口が減少傾向にあると，後の世代のほうが負担が増す分，不利になり，世代間の不公平が発生してしまう．このままでは，若年世代が負担に耐えられなくなるおそれがあるため，年金の支給開始年齢の引上げ等の給付の抑制を行うことで，保険料の上昇を抑制する方向での制度改正がなされている．

## (2) 医療保険

医療サービスは取引において他の財やサービスと異なる特性をもっている．通常の場合であれば，売り手も買い手も取引の対象となる財やサービスについてよく知っており，他方が不利になるほどの情報量の差はないといえる．ところが，医療サービスの場合には，売り手（医者）と買い手（患者）の間で，取引対象となる医療サービスについての情報量に大きな差がある（情報の非対称性）．医者のほうがよく知っているため，患者は医者から説明や同意を求められるにせよ，医者の意向に沿った治療がなされるケースが多い．このような患者に不利な状況を補うために，日本では，質保障のための医者の免許制度が導入され，過大な利潤を抑制するために医者の技術料や薬価の決定を国が行っている．なお，このような規制は，患者のためという側面だけでなく，医者の経営を安定させるという側面もある．

日本の医療保険は職業などによって加入する保険制度が異なるが，加入者は所属する保険者に保険料を支払い，年齢によって異なるものの，3割の自己負担で医療を受けることができる．高齢者の医療費は若年者の数倍かかるため，高齢化は医療費を引上げる．また，医療技術の進歩や新薬の登場は単価を引上げるため，これも医療費の増加の原因となっている．

医療費の増加は財政を圧迫するため，特許が切れた割安な後発薬の利用の促進や負担の少ない（1割の自己負担）一方で支出の多い高齢者による負担の増加などの方策が考えられている．

### (3) 介護保険

　介護保険は2000年に日本に導入された．この背景には，少子高齢化の進展で，高齢者が増加する一方で，若年人口が先細り，これまで家族介護の大部分を担ってきた女性の社会進出が進んだために，家族介護者の負担増や不足が顕在化したことによる．このような状況下で，社会全体で要介護者を支える社会保険としての介護保険が導入されるに至った．介護保険は市町村が運営し，40歳から加入して保険料を払い始め，原則として65歳から要介護認定が受けられれば，介護サービスを受けることができる．利用者の負担は通常1割負担であり，要介護度に応じた一定の金額内でのサービスが受けられる．

　現在，介護保険はジレンマの状況に置かれている．高齢化で，要介護者が増加して，介護保険の利用が増えると，介護職員のニーズが高まるが，介護保険の財源は保険料と税からなり，予算が限られているため，賃金を抑えざるをえない．介護職員の賃金は他の産業より低いために，人手不足の状態にある．そのため，要介護者を抱えている世帯は，十分に介護保険が利用できず，世帯の働き手が家族介護のために，仕事を辞めざるをえない介護離職が問題となっている．介護職員の人手不足を解消するために，賃金を上げようとすると，その財源の保険料や税も上げざるをえなくなる．しかし，助け合いの制度である介護保険制度の維持のために大きな負担増を求めることは容易でないため，ジレンマ状態に陥っているといえる．対策としては，高所得者の負担増や利用者各自の負担（受益者負担）の拡大などが考えられている．

## 7　財政赤字

　第1節でも言及したが，現在の日本で避けて通れない大きな問題が財政赤字である．これは国だけでなく地方公共団体も同様である．

　ここで，**財政赤字**の功罪をみておこう．マイナス面としては，第1に，財政赤字が政府支出の増加によってもたらされた場合に，民間経済を圧迫するおそれがある．民間企業ができるところを政府が行うことで，より効率の悪い部分が拡大するおそれがある．また，利子率の上昇を通じたルートで，民間投資を減少させる可能性もある（クラウディング・アウト）．第2に，財政赤字が長

期にわたり継続すると，その利払いや償還のための支出が増えるため，政府が自由に使える予算が制限されて，必要な支出ができなくなるおそれがある．第3に，財政赤字で得た資金を将来に便益を生む社会資本のような形で残さず，減税やサービスの形で支出し，財政赤字の償還を後の世代で行う場合には，将来世代にツケを残すことになる（**世代間の不公平**）．

　プラス面としては，第1に，社会資本は最初の設置の時点でまとまった費用がかかり，便益はその後に長期にわたり発生するので，財政赤字，すなわち，公債を発行して，当初の費用をまかない，その後に便益を得る後の世代に公債の償還を行わせることで，便益と負担を対応させることができる（世代間の公平）．第2に，景気の安定化である．現実の経済では，好況期と不況期の景気循環がみられ，不況が長期化するケースもしばしば観察される．不況が深刻なケースでは，減税や政府支出の増加により財政赤字をつくり出すことで，景気を刺激することができる．ただし，プラス面のひとつ目では，便益は将来発生するので，予想した便益と現実の便益が異なることで，世代間の便益と費用の対応がうまくいかず，かえって世代間の不公平を発生させるおそれがある．プラス面の2つ目では，景気刺激策をとっても，最終的には民間の消費や投資が回復しないと景気の回復に至らないため，景気回復の効果が弱く，財政赤字だけが残る可能性もある．

　現在，日本の財政は大きな財政赤字を続けているため，国と地方公共団体ともに，長期債務残高も巨額になっている．このような巨額の借金が可能となっている理由のひとつは，巨額な金融資産残高の存在である．日本銀行によると，日本における家計の金融資産残高は2015年9月末で1684兆円に達しており，この金融資産の多くは預金等で運用され，これを調達している金融機関が多くの公債を購入している．

　この背景には，日本経済が高度経済成長を経て成熟し，耐久消費財などはほぼ購入し終え，買い替えなどを除けば，消費の勢いが衰えてきたことが考えられる．成熟し，かなりの高い生活水準を達成した社会では，需要は伸び悩むと考えられる．需要が伸び悩めば，企業に大きな収益をもたらすような投資機会も限られるため，金融資産の運用でも，利率は低くとも，安心感のある公債にお金が流れることになる．これはリスク回避の傾向が強く，安全資産を好む日

本人の国民性を反映している可能性もある．

　しかし，国民の金融資産残高にも上限があるため，これに頼れなくなれば，公債が消化できずに，公債の暴落と金利の上昇を招くおそれがある．それを回避するためには，増税と支出減を行っていく必要がある．しかし，選挙を通じた民主的なプロセスの中でそれを行っていくことは難しい．

　財政赤字の問題を解決するためには，政治家が国民に痛みをともなうものであっても，増税や支出減を行わざるをえないことを理解してもらい，国民の側もそれを受け入れる必要がある．この問題を自力で解決できない場合には，IMF（国際通貨基金）のような国際機関の支援を仰ぎ，その条件として強制的な財政再建のプログラムの受入れを余儀なくされることになるだろう．財政赤字の問題解決は，政治家も含めて，国民1人ひとりの見識が問われている問題でもある．

**参考文献**

青木孝子・鑓田亨・安藤潤・塚原康博（2012）『入門現代経済学要論（第2版）』白桃書房．
麻生良文（1998）『公共経済学』有斐閣．
安藤潤・佐川和彦・塚原康博・馬場正弘・松本保美・鑓田亨（2014）『少子・高齢化と日本経済』文眞堂．
江島一彦（2015）『図説　日本の税制（平成27年度版）』財経詳報社．
大矢俊雄編著（2015）『図説　日本の財政（平成27年度版）』東洋経済新報社．
貝塚啓明（2003）『財政学（第3版）』東京大学出版会．
片桐正俊編著（2014）『財政学（第3版）』東洋経済新報社．
瀧澤弘和・小澤太郎・塚原康博・中川雅之・前田章・山下一仁（2016）『経済政策論――日本と世界が直面する諸課題』慶應義塾大学出版会．
畑農鋭矢・林正義・吉田浩（2015）『財政をつかむ（新版）』有斐閣．
Buchanan, James and Wagner, Richard（1977）*Democracy in Deficit: The Political Legacy of Lord Keynes*, Academic Press.（深沢実・菊池威訳（1979）『赤字財政の政治経済学――ケインズの政治的遺産』文眞堂）．
Musgrave, Richard and Musgrave, Peggy（1980）*Public Finance in Theory and Practice*, McGraw-Hill.（木下和夫監修，大阪大学財政研究会訳（1983）『財政学――理論・制度・政治』有斐閣）．

# 第6章 景気変動の理論

## 1 景気変動について——循環と成長——

　経済は常に変動し，好況と不況を交互に繰り返している．国内総生産（GDP）＝総所得の変動となって現れるマクロ経済現象を，「景気変動」という．景気変動は消費の変化や，利子率の変化にともなう投資水準の変動などによって惹き起こされ，それらマクロ経済指標は，相互に影響し合いながら時々刻々変化している．この章の前半では，「短期（3ヶ月，半年，1年間など）の経済活動の成果」であるフローの代表として GDP を取り上げ，その変動，すなわち景気循環について検討する．そして後半で，短期～中期の変動をならした，マクロ経済の長期的趨勢を「経済成長の理論」として分析する（図6-1）.

## 2 循環の種類

　経済が変動する原因は，大別して2つあると考えられる．ひとつは，天候の

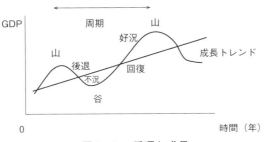

図6-1　循環と成長

変化(たとえばエルニーニョ現象による暖冬)など,経済の外的要因の循環的変動が経済に影響を与え景気循環が発生すると考える,**外生的発生理論**である.もうひとつは経済に特有の原因で,たとえば10年の耐用年数のある資本設備が新たな投資として一斉に設置されると,その後はしばらくの間更新されない.投資ブームが去ると,投資需要が停滞してしばらく不況が続き,やがて資本設備の寿命が尽きるようになると一挙に更新され,再び好況が訪れる.この場合は,経済の内部に循環の主な原因があるので,**内生的発生理論**といえる.

ヨーゼフ・シュンペーターは,循環をその周期の長さや性質の違いに基づいて3つに分類した.それらは,元々の発見者の名前を冠して,① **キッチン循環**,② **ジュグラー循環**,③ **コンドラチェフ循環**,と呼ばれるが,実際の景気循環は,これら3つの波の複合現象であると考えられる.

好況期に,企業の予想を超えて需要が拡大すると,企業は不足気味になった在庫を積み増ししようとして生産を増加する.景気が減速して不況期に入ると,在庫が膨らんで,今度は企業は減産を余儀なくされる.こうした1.5〜3年の周期を持つ**在庫循環**は,アメリカのヨーゼフ・キッチンによって発見された.

フランスのクレメント・ジュグラーは,ほぼ10年周期で起こる**設備投資循環**を発見した.好況期の投資の増加は,信用の拡大によって支えられるが,それはインフレを助長してやがて信用の逼迫をもたらす.利子率が高騰すれば投資は控えられ,経済は恐慌に転じて不況が深刻化する.このように,別名**メジャーサイクル**は,信用の拡大・縮小によっても特徴づけられる.

ロシアの革命期に活躍したニコライ・コンドラチェフは,40〜70年の長期に及ぶ技術革新に注目し,それが経済変動の大きなうねりを惹き起こす,と考えた.**コンドラチェフ循環**は「長期波動の理論」ともいわれ,その第1波は蒸気機関の発明で19世紀の前半,第2波は19世紀後半の鉄道敷設の急速な発展,そして第3波は,20世紀の電気の利用や,化学産業,自動車産業の発達に求められる.われわれは現在,「情報革命」や「バイオテクノロジー」という新たな時代に突入しており,この技術革新によって第4の波がもたらされることが期待される.

なお,アメリカのサイモン・クズネッツによって発見された**建築循環**もあげておく必要がある.これは,主に住宅など小規模な建物の建替えが15〜20年

サイクルでみられることに注目した理論である．いずれにしても現実の循環は，これらさまざまな周期の異なる循環が重なり合って起こり，また各時点での循環は特有の歴史的背景を背負っていて，二度と同じ循環が見られることはあり得ないであろう．

## 3 IS-LM 体系の動学分析

　第3章および第4章で，財市場と貨幣・金融市場について学んだ．ここではその成果に基づいて，いわゆる **IS-LM 体系**を使った景気循環の分析を試みよう．はじめに IS-LM 体系を確認しておく．S は 1 年間の**貯蓄**，すなわち**総生産＝総所得** Y のうち消費（C）されなかった分で，**消費関数** $C(Y)$ の形から，Y に依存する（$S = Y - C = Y(1-c) - C_0$，c は限界消費性向，$C_0$ は基礎消費でともに定数とする）．I は 1 年間に行われる新しい機械の購入や工場の建設など**投資需要**の大きさを表わし，**利子率** r が上昇すれば借入コストが増加するため減少するだろう（$\Delta S/\Delta Y > 0$，$\Delta I/\Delta r < 0$）．

　いま単純化のために政府支出を無視すると，財市場の様子は以下のように表わされる．

$$Y_s（総供給）= Y（総生産）= C_s（消費財の供給）+ S（貯蓄），$$
$$Y_d（総需要）= C_d（消費財の需要）+ I（投資財の需要）．$$

供給された消費財が直ちに需要されると考えると，消費財市場の均衡 $C_s = C_d$ から，

$$Y_d = Y_s \quad \rightarrow \quad I(r) = S(Y). \qquad \text{［財市場の均衡］}$$

財市場の需給関係は，**投資需要** I と**貯蓄** S の差によって表わされる．$Y_d$ と $Y_s$ が等しくなって財市場が均衡すれば，それは I と S の均衡も意味するだろう（$I(r) = S(Y)$）．金融市場で利子率 r が下がれば**投資需要**は増加する．したがって，財市場の均衡も総生産 Y の増加によって表わすことができる．この財市場の均衡を表わす曲線が **IS 曲線**である．

　一方，貨幣市場は，中央銀行のコントロール下にあってとりあえず一定とさ

れる**貨幣供給** $\overline{M}$ と，Yの増加関数になる**取引需要** $L_1$ と r の減少関数になる**資産需要** $L_2$ の和と考えられる**貨幣需要** L が調整される場であり，その市場の均衡は次式で表わされる（**LM 曲線**）．

$$\overline{M}=L=L_1(Y)+L_2(r). \qquad [貨幣市場の均衡]$$

　貨幣を含んだマクロ経済の一般均衡は，財市場の均衡式と貨幣市場の均衡式をともに満たす解（$Y^*$, $r^*$）で表わされるが，そこから外れた場合でも，均衡解をめぐる時間を追った経路を考えることが可能である．財市場で生産水準が **IS 曲線**から外れれば，**IS 曲線**に向かう左右方向の力が働いて Y が調整され，貨幣市場が不均衡に陥れば，上下の力が作用して r が変化する（図6-2）．

　財市場と貨幣市場の同時調整は，経済全体を**マクロ均衡**（$Y^*$, $r^*$）に向かわせる．すなわち経済は，均衡から外れても変動を繰り返しながら，次第に均衡に落ち着くのである．Y の変化分を $\Delta Y$，r の変化分を $\Delta r$ で表わし，今の時点を t とすると，財市場や貨幣市場で発生する不均衡は次のように調整されるであろう（$\alpha, \beta > 0$ は不均衡の調整速度）．

$$\begin{aligned} \Delta Y &= \alpha \{I(r_t) - S(Y_t)\} \\ \Delta r &= \beta \{L(Y_t, r_t) - \overline{M}\} \end{aligned} \qquad (6-1)$$

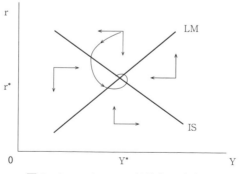

図6-2　マクロの一般均衡と安定性

## 4　S字型投資関数

　投資Iが利子率rの減少関数であるだけなら，総生産Yは，図6-2のように循環しながら，やがて均衡点（Y*, r*）に到達する．しかしIは，rの水準だけに左右されるとは限らない．景気が不況に陥ると資本設備Kの一部が使われないために（遊休資本の存在），多少生産が増加してもIは反応しないが，景気が回復して好況期に入ると，Kがやがて不足気味になってくる．こうしてIはYの中位の水準で景気に正に反応し，Yの増加とともに増加する．景気が加熱すると，人手不足やコストの異常な上昇など，景気の天井感からIの増加は収まるだろう．こうして**投資関数**の形は，任意のrについて，S字型で表わされる．利子率の水準 $r_1 < r_2 < r_3$ に対応する**投資関数**は，図6-3のように3本のS字型の曲線になる．

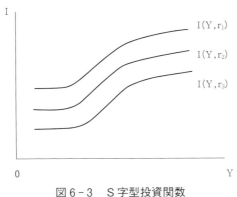

図6-3　S字型投資関数

　rが低ければ，借入コストの低さを反映して投資関数は上方に位置し，rが高くなれば，それにつれて徐々に下がっていく．**S字型投資関数**で表わされる企業の投資行動は，以下で示すように景気循環の主な原因になっている．

## 5 IS-LM 体系と景気循環の可能性

S字型投資関数を前提とすれば,rが上昇すれば,Iは減少するが,景気が好況に向かうなかでは,生産が増加するにつれてIは増加する.生産水準に対するIの反応が十分に大きければ,財市場を均衡させるのに,rの上昇が必要とされる局面があり得る.このとき,通常は右下がりのIS曲線が,右上がりに向きを変えるだろう.景気が不況のときや加熱状態では,IはYにほとんど反応しないので,IS曲線は左端と右端で右下がりになるが,景気の中位の状態で右上がりになるなら,最終的に一定の振幅を持った景気の変動が見られるのである.この景気循環の経路を**リミットサイクル**という(図6-4).マクロ均衡点は $(Y^*, r^*)$ であるが,この経済は,そこに落ち着くことはない.

$$\Delta Y = \alpha \{I(Y_t, r_t) - S(Y_t)\},$$
$$\Delta r = \beta \{L(Y_t, r_t) - \overline{M}\}, \qquad \alpha > 0, \beta > 0 \qquad (6-2)$$

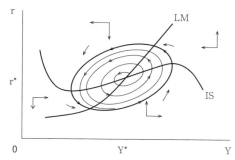

図6-4 IS-LM体系から得られるリミットサイクル

## 6 フィリップス曲線

景気の変動は,失業率 u の変化をともなう.景気が悪化すると失業も増加して賃金は低下し,好況に向かう過程では労働市況が改善して,やがて賃金は

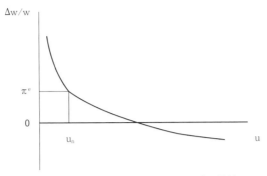

図6-5　期待を含んだフィリップス曲線

上昇するだろう．アルバン・フィリップスが，イギリスの長期にわたるデータから賃金率 w の上昇率 $\Delta w/w$ と失業率 u の相反関係を初めて統計的に明らかにしたため，$\Delta w/w$ と u の関係を表わした右下がりの曲線を**フィリップス曲線**という．

労働者が自分の都合（賃金に対する不満や他の会社に移りたいなど）で職から離れている状態を**自発的失業** $U_n$ という．労働量を N，t 期の雇用量を $N_t^*$ とすると，$u_t$ は，

$$u_t = (N - N_t^*)/N \tag{6-3}$$

で表わされ，分子が自発的失業 $U_n$ に等しいときの u を**自然失業率** $u_n$ という．それは完全雇用状態にあるとも考えられる．

今期の物価水準を $p_t$，前期の物価水準を $p_{t-1}$ で表わし，前期に今期に成立するであろうと予想された物価に対する期待を $p_t^e$ とすると，物価上昇率（インフレ率）$\pi$ と期待物価上昇率 $\pi^e$ は，

$$\begin{aligned}\pi_t &= \frac{p_t - p_{t-1}}{p_{t-1}} \\ \pi_t^e &= \frac{p_t^e - p_{t-1}}{p_{t-1}}\end{aligned} \tag{6-4}$$

で表わされる．いま，労働者はインフレが予想されればその分の補償を要求し，

企業もそれを受入れるとしよう．このとき，フィリップス曲線上で $\pi^e$ は $u_n$ に対応するだろう．このインフレ期待を導入したフィリップス曲線は，(6-5) 式と図6-5で示される．

$$\Delta w/w = \pi^e - a(u_t - u_n), \quad a > 0 \text{ は労働市場の調整速度} \quad (6-5)$$

## 7 インフレ供給曲線，インフレ需要曲線と期待形成

### (1) インフレ供給曲線（$\pi_s$ 曲線）

企業による財の供給について，**供給価格** $p_s$ は生産費（ここでは賃金）に一定の割合の利益を上乗せする，**マークアップ方式**で決定されると考えよう．生産に必要な生産要素は労働だけで生産物1単位の生産に単位時間でn人かかるとする（nは一定で，規模について収穫不変）．生産物1単位あたりの費用は wn で，上乗せされる**マークアップ率**を $\mu$ とすると，企業による価格形成は，

$$\text{供給価格} \quad p_s = (1 + \mu)wn. \quad (6-6)$$

失業が自発的失業のみからなる場合の生産量を**完全雇用生産量** $Y_n$ とすると，

$$\text{総供給(生産量)} Y_{s,t} = \frac{N_t^*}{n}, \quad \text{完全雇用生産量} Y_n = \frac{N_n}{n} \quad (6-7)$$

したがって，$u_t$ と $u_n$ との差は，$Y_{s,t}$ と $Y_n$ との差によって表わすことができる．

$$u_t - u_n = \frac{N - N_t^*}{N} - \frac{N - N_n}{N} = -\frac{N_t^* - N_n}{N}$$

$$= \frac{-n(Y_{s,t} - Y_n)}{N}. \quad (6-8)$$

**労働投入係数** n と**マークアップ率** $\mu$ を一定とすると，**賃金上昇率**（$\Delta w/w$）と**供給価格** $p_s$ の上昇率 $\pi_s$ は等しい．したがって，

$$\pi_s = \frac{p_{s,t} - p_{s,t-1}}{p_{s,t-1}} = \frac{\Delta w}{w} = \pi^e - a(u_t - u_n). \quad (6-9)$$

（6-8），（6-9）式から，供給価格の上昇率 $\pi_s$ は，

$$\pi_s = \pi^e + \varepsilon(Y_{s,t} - Y_n), \text{ ただし } \varepsilon = \frac{an}{N} > 0 \text{ で一定.} \qquad (6-10)$$

これは**インフレ供給曲線**（$\pi_s$）と呼ばれ，時間とともに供給価格が変化する，期待が組み込まれた**動学的供給曲線**である．（6-10）式で，供給価格の上昇率 $\pi_s$ が期待インフレ率 $\pi^e$ に等しいとき，$Y_n$ が達成される（図6-6の $Y_n$）．

$\pi_s$ と $\pi^e$ が異なるとき，将来に対する予想が改訂されると考えるのは自然である．そこで，$Y_{s,t}$ が $Y_n$ を超えて景気が過熱し（不況で $Y_{s,t}$ が $Y_n$ を下回り），$\pi_s$ が $\pi^e$ を上回る（下回る）と，予想が修正されて $\pi^e$ は大きくなる（小さくなる）としよう．そのとき，図6-6が示すように，インフレ供給曲線は上方に（下方に）シフトするだろう．ところで（6-9）式と（6-10）式から，

$$-a(u_t - u_n) = \varepsilon(Y_{s,t} - Y_n) \qquad (6-11)$$

となるが，これは不況になると失業が増え，好況に転じれば労働市場が逼迫する様子を表わし，発見者にちなんで**オークンの法則**という．

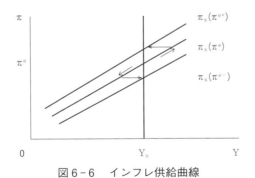

図6-6　インフレ供給曲線

### (2) インフレ需要曲線（π曲線）

実質マネーサプライ M/p や**政府支出**が増加すれば，総需要 $Y_d$ は増加する．マネーサプライ M の増加か物価の下落のいずれか，あるいは双方が起これば，

投資水準と消費水準が押し上げられるからである．M/p の変化率を，

$$\frac{\Delta\left(\frac{M}{p}\right)}{\left(\frac{M}{p}\right)} = \frac{\Delta M}{M} - \frac{\Delta p}{p} = (m - \pi), \qquad (6-12)$$

政府支出の増加率 $\Delta G/G$ を $\xi$（グザイ）で表わし，$Y_d$ はその両方に比例して増加すると仮定する．このとき総需要の増加は以下の式で表わされる．

$$Y_{d,t} - Y_{d,t-1} = \Delta Y_d = \alpha(m - \pi) + \beta\xi, \quad \alpha > 0, \beta > 0 \qquad (6-13)$$

**貨幣乗数** $\alpha$, **政府支出乗数** $\beta$ は，当然ながら正の定数である．（6-13）式をインフレ率 $\pi$ で書き換えると，

$$\pi = m + \left(\frac{\beta\xi}{\alpha}\right) - \left(\frac{1}{\alpha}\right)(Y_{d,t} - Y_{d,t-1}) \qquad (6-14)$$

この式から，$\pi$ が上昇すれば今期の $Y_{d,t}$ が減少することが分かる．その様子を表わしたグラフを**インフレ需要曲線**（$\pi$）という（図6-7を参照）．

### (3) 短期の景気調整

普通の市場調整のように，マクロでも毎期ごとに $Y_d$ と $Y_s$ が調整されて均衡が成立すると仮定しよう．図6-7は，点 E で $\pi_s$ 曲線と $\pi$ 曲線が交差し，そこで今期の均衡が成立することを表わしている．$\pi_s$ の（6-10）式と $\pi$ の（6-14）式の均等から（$Y_d = Y_s$），今期の均衡生産水準 $Y_t$ は，完全雇用の生産水準 $Y_n$，前期の生産水準 $Y_{t-1}$，期待 $\pi^e$，景気水準がインフレ率に与える影響 $\varepsilon$，名目マネーサプライの増加率 m，政府支出の増加率 $\xi$，そして貨幣乗数 $\alpha$，政府支出乗数 $\beta$ によって決定される．

簡単化のため，$\xi = 0$ と置くと，図6-7の均衡 E では，マネーサプライ増加率 m が $\pi$ より大きいことが分かる．したがって，次期にはインフレ需要曲線は上方にシフトし，均衡点自体も移行するだろう．また期待 $\pi^e$ と現実の $\pi$ が異なることから，次期には期待は改訂され，$\pi_s$ 曲線もシフトするはずである．時間の経過とともに均衡点が変化するような，経済均衡の長期的推移をみるた

めには,期待の変更の仕組みについて更なる検討を要するであろう.

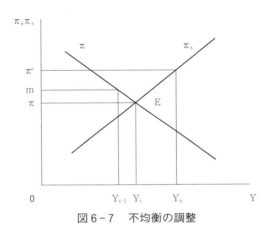

図 6-7 不均衡の調整

### (4) 期待の形成

人びとは将来を予想し判断を下すが,そのとき形成される期待が経済の原動力になる.経済が不況で,$\pi$ が $\pi^e$ に達しないとしよう.やがて人びとは,期待どおりの賃上げや生産量の維持が困難であると悟るようになる.このように,今期の $\pi$ が前期に予想された $\pi$ と異なれば,人びとは次期の $\pi$ の予想＝期待を改訂するだろう.時間の経過とともに,$\pi$ と期待の形成は互いに影響し合いながら現実の経済を動かしていく.期待は,人びとの判断によるので,精密な理論化は難しいが,ここでは始めに過去の経験に基づく**適応的期待仮説**を取り上げる.

次期に影響する今期の意思決定は,過去の経験に照らして形成されると考えるのは自然である.そこで,今期の期待インフレ率 $\pi^e_t$ は,前期の期待インフレ率 $\pi^e_{t-1}$ と前期の実際のインフレ率 $\pi_{t-1}$ の加重和によって形成される,と考えてみよう.このとき $\pi^e_t$ は,$0 \leq \lambda \leq 1$ として,

$$\pi^e_t = \lambda \pi^e_{t-1} + (1-\lambda)\pi_{t-1}, \quad 0 \leq \lambda \leq 1 \qquad (6\text{-}15)$$

と表示される.前期の期待 $\pi^e_{t-1}$ が前期の実際の $\pi_{t-1}$ と一致すれば今期に期待

を改訂する必要はないが，もし外れれば，人びとは期待を変更し，それを前期の期待 $\pi^e_{t-1}$ と前期の実現値 $\pi_{t-1}$ の中間に決めるだろう．

さて，前期の期待は（6-15）式から，2期前の期待と2期前の実現値の加重和になり，3期前の期待も同じ仕方で形成されるから，$\lambda$ が1より小さければ，結局期待は過去の実際のインフレ率，$\pi_{t-n}$ （n = 1，2，3，…）を等比級数 $\lambda$ でウェイトづけした加重和で形成されることになる．

$$\pi^e_t = (1-\lambda)(\pi_{t-1} + \lambda\pi_{t-2} + \lambda^2\pi_{t-3} + \cdots) \qquad (6-16)$$

$\lambda$ は1より小さいため，過去に遡ったインフレ率ほどその現在の期待形成に与える影響は小さくなる．この，過去の経験に照らして期待を改訂していく期待形成を**適応的期待**という．

## 8 期待と景気変動

実際の生産水準 $Y_t$ が完全雇用水準 $Y_n$ と異なれば，次期には期待が変更され，景気は変動する．各時点で均衡が成立し，$Y_{d,t} = Y_{s,t}$（総需要＝総供給），$\pi_s = \pi$（供給価格のインフレ率＝現実のインフレ率）が成立すると想定しよう．（6-10）式と（6-13）式を変形し，生産と期待インフレ率の変化を同時に連立させると，

$$Y_{t+1} - Y_t = \Delta Y = \alpha(m - \pi^e_t - \varepsilon(Y_t - Y_n)) + \beta\xi, \alpha > 0, \beta > 0 \quad (6-17)$$

$$\pi^e_{t+1} - \pi^e_t = \Delta\pi^e = (1-\lambda)(\pi_t - \pi^e_t) = (1-\lambda)\varepsilon(Y_t - Y_n) \qquad (6-18)$$

図6-8は，$Y$ と $\pi^e$ の時間的変化を示したものである．$\Delta Y = 0$，$\Delta\pi^e = 0$ の線は，次期の生産量と次期の期待が今期のそれらと一致する状態である．生産水準が傾き $-\varepsilon$ の線より右側にあれば生産は減少し，左側なら増加する．一方，$\pi^e$ は，$Y$ が完全雇用水準を超えていれば上昇し，下回れば下落する．このモデルで表わされる経済では，やがて $Y$ は $Y_n$ に，インフレ率は $m + \left(\dfrac{\beta\xi}{\alpha}\right)$ に落ち着くだろう．

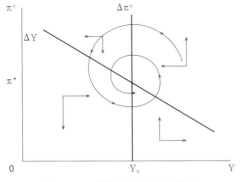

図6-8 期待と生産量の調整

## 9 合理的期待形成と政策介入の無効性

人びとが $\pi$ を正確に予想するなら，$\pi^e$ は実際のインフレ率に等しく，

$$\pi_t^e = \pi_t \qquad (6-19)$$

が成立する．この期待形成を**合理的期待**という．人びとが合理的なら，期待の形成にあたって，過去のインフレ率だけを頼りにするだけでなく，経済政策や政治，社会環境の変化，出生率や自然環境の変化など，将来について，その時点で入手可能なすべての情報を活用するだろう．各期に均衡が成立し，(6-10)式の期待 $\pi_t^e$ が $\pi_t$ に置き換えられれば，生産量は常に完全雇用のそれに等しくなり（$Y_{s,t} = Y_n$），$\pi$ 曲線の式，

$$\pi = m + \left(\frac{\beta\xi}{\alpha}\right) - \left(\frac{1}{\alpha}\right)(Y_{d,t} - Y_{d,t-1}) \qquad (6-14, 再掲)$$

で，$Y_d$ が常に $Y_n$ に等しくなることに注意すれば，金融政策 m であれ財政政策 ξ であれ，当局の経済介入はすべてインフレ率に吸収されてしまうことが分かる．1970年代にアメリカのロバート・ルーカス，トーマス・サージェント，ロバート・バローなど**新しい古典派**と呼ばれた人びとは，人びとの期待形成に

ついてこうした「合理性」の基準を持ち込み，予想不可能な不規則な景気変動について，その攪乱項の平均的予想値をゼロと仮定して合理的期待を確率モデルで補強した．そして政府や中央銀行の経済介入は景気に影響しないと結論づけたのである．とりわけ公共投資や減税などの財政政策は，国債の増発をともない，人びとはその償還のための増税を予想して，それに備えて現在の消費を節約するため，無意味である，として強く批判した．これは自由経済の効率性を信じた偉大な経済学者の名を冠して，**リカードウの等価命題**と呼ばれる．

また，同じ文脈からフィン・キッドランドやエドワード・プレスコットは**リアルビジネスサイクル**理論を提示した．いま，負の生産性ショックが起きて，景気が悪化するとしても，人びとは将来の回復を合理的に期待し，あえて自発的に失業を選択して余暇を楽しむ．こうした極端な自由主義の立場は，「市場経済では常に最適化が図られていて，金融や財政など人為的政策介入は無益である」という思想に代表される．

# **10** ケインズ派の景気変動理論

景気変動理論の締めくくりに，ケインズ派といくつかの最新の理論を見ておこう．以下では簡単化のため政府支出や貿易は特に言及しない限り省略する．

### (1) 乗数加速度原理

$C_0$を基礎消費，$c$を限界消費性向とすると，マクロ均衡 $Y^*$ は，$(C_0+I)/(1-c)$ になる．ケインズの乗数理論によれば，$I$が少し増えると $(\Delta I)$，それが派生消費をもたらし，$\Delta Y=\Delta I/(1-c)$ だけ生産量は増加する．$c$が0.6のとき乗数は2.5になるから，$I$が1兆円増えれば総生産＝所得は2.5兆円増加する．一方，今期の消費 $C_t$ は前期の所得 $Y_{t-1}$ を基に決定されると仮定し，$C$ と $Y$ の関係にタイムラグを持ち込むと，

$$C_t=cY_{t-1}+C_0, \quad 0<c<1 \qquad (6-20)$$

が成立する．さらに今期の投資 $I_t$ の一部（誘発投資）が時間につれての消費の変化に影響されるならば，$I_t$ は，次のように表わされるだろう．

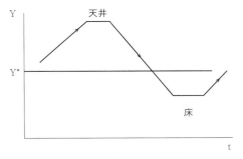

図 6-9　ビリヤード理論

$$I_t = \phi(C_t - C_{t-1}) + I_0, \quad 係数\phi > 0, I_0は\textbf{独立投資}で一定. \quad (6-21)$$

**独立投資**とは景気に依存しない長期的な視点からの**研究開発投資**や一定とされる**減耗補填**などである．Cが落込む場合，$I_t$は$I_0$を下回ることもある．このC（あるいは所得）の変化のIへの影響を**加速度原理**という．消費関数と投資関数を今期の生産量を決めるマクロ均衡式に代入すると，

$$Y_t = C_t + I_t = cY_{t-1} + C_0 + \phi(C_t - C_{t-1}) + I_0 \quad (6-22)$$

になり，**加速度原理**の式を変形して整理すれば，

$$Y_t = (c + c\phi)Y_{t-1} - c\phi Y_{t-2} + (C_0 + I_0) \quad (6-23)$$

という，二階の定差方程式で表わされる**景気循環の基本方程式**を得る．この式を解くことで，景気の循環とその振幅を左右するのは，限界消費性向 $c$ と加速度係数 $\phi$ の大きさ次第であることが分かる．とりわけ興味深いのは，ジョン・ヒックスによって先進国に多く見られるとされた $c\phi$ が十分に大きいケースである($c\phi$ は資本係数 $K/Y$)．この場合は内部から発生する循環は見られないが，発散する経路が，ひとつは**完全雇用**という「天井」，もうひとつは**基礎消費**と独立投資から減耗補填を除いた**独立純投資**に下支えされる「床」にぶつかって跳ね返されることから，そうした外生的な条件によって結局は循環が発生する．この循環は，天井と床という壁にぶつかりながら起こる様子から，**ビリヤード**

理論と呼ばれる（図6-9）．

## (2) カルドアの利潤原理

ケインズと独立に有効需要の原理を発見したポーランドのミハイル・カレツキやケインズに大きな影響を受けたニコラス・カルドアは，景気循環は投資の変動が主な原因で，その投資の源泉は利潤 $\Pi$ の大きさであると考えた．以下では，利潤率を $r_p$ で表わし，投資需要 I は $r_p$ に正に反応すると考えよう． $r_p$ は生産量 Y と資本 K の関数で，賃金費用を $W(Y)$ で表わすと，次のような性質を持つとする．

$$r_p = \frac{Y - W(Y)}{K}, \quad I = I(r_p), \quad \frac{dI}{dr_p} > 0, \quad \frac{\partial r_p}{\partial Y} > 0, \quad \frac{\partial r_p}{\partial K} < 0 \tag{6-24}$$

Y が十分小さいとき $\dfrac{\partial(\partial r_p/\partial Y)}{\partial Y} > 0$ であり，

Y が十分大きいとき $\dfrac{\partial(\partial r_p/\partial Y)}{\partial Y} < 0$ とする．

したがって，

$$I = I(Y, K), \quad \frac{\partial I}{\partial Y} > 0, \quad \frac{\partial I}{\partial K} < 0 \tag{6-25}$$

Y が十分小さいとき $\dfrac{\partial(\partial I/\partial Y)}{\partial Y} > 0$ であり，

Y が十分大きいとき $\dfrac{\partial(\partial I/\partial Y)}{\partial Y} < 0$ となる．

このとき，フローの Y とストックの K の動きは次式で表わされる．

$$\Delta Y = \theta\{cY + C_0 + I(Y, K) - Y\}, \quad \theta > 0, \tag{6-26}$$
$$\Delta K = I(Y, K) - \delta K.$$

$\theta$ は生産の増加が超過需要に反応する調整パラメータ，$\delta$ は資本の減価償却率を示す．Y と K の動きを示す図6-10で，Y と K の変化が止まる均衡線が

ΔY, ΔK で示される曲線のようであれば，中心の均衡点（$Y^*$, $K^*$）自体は不安定になるが，はるか離れた所からは中心に向かう力が働くので，経済がその内部から循環軌道に乗るメカニズムが存在する．カルドアの描いたこうした**総生産**と**資本ストック**の循環を，**リミットサイクル**（極限周軌道）という．

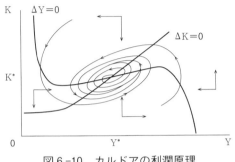

図6-10 カルドアの利潤原理

### (3) カオス理論

従来の景気循環理論は，同一のサイクルを繰り返す規則的な経済の動きを描写するものであった．しかし現実の経済は複雑で，「回帰的であっても周期的とはいえない」不規則な運動が一般的である．この不規則な運動を，簡単な数式の非線形モデルで示そうと試みたのが，**カオス理論**である．いま，今期の消

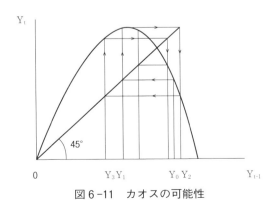

図6-11 カオスの可能性

費 $C_t$ は前期の所得 $Y_{t-1}$ に比例的に依存し,投資 $I_t$ も前期の所得に依存するが,それは**非線形的**であるとする.

$$C_t = cY_{t-1}, \quad I_t = aY_{t-1} - b(Y_{t-1})^2, \quad a, b, c > 0$$
$$Y_t = C_t + I_t = (a+c)Y_{t-1} - b(Y_{t-1})^2 \qquad (6-27)$$

この式自体の構造はきわめて簡単であるが,そこから生み出される振る舞いは係数次第で,前もってそれを予想するのはきわめて困難である(図 6-11).

### (4) ミンスキーモーメント

われわれの暮らす資本主義経済は,信用システムと切り離すことはできない.活力に溢れていて将来有望な企業でも,手元の資金が不足していれば計画どおりに投資は実行できない.そうした**債務主体**は**投資資金**を**銀行**から借入れたり(**間接金融**),社債や新株を発行して市場から直接調達しようとする(**直接金融**).**銀行借入れや社債を他人資本**,**株式や内部留保を自己資本**という.一方,マクロ的に集計された家計は正の資産を保有すると考えられる.資産があってもそれを有効に利用できない家計は,**債権者**としてその資産の活用を**債務者**である企業に委ねるのである.表 6-1 は,債務者である企業と債権者である家計の**バランスシート(貸借対照表)**が,金融仲介者である銀行をはさんで向かい合う様子を表わしている.企業は資本設備 K を株主からの出資 E と負債 L でまかなう.銀行は,資産側(借方)に企業への貸付け L と**中央銀行への預け金** R,負債側(貸方)に預金残高 B と**中央銀行からの借入れ** $R_b$ を計上する.家計は株式 E と預金 B からなる金融資産を保有する(家計の欄の A = E + B は純資産を表わす).

通常は,**企業の価値 K は株価 E と負債 L の和に等しい**(K = E + L).好況期には企業の市場評価の上昇は株価の上昇に反映され,**バランスシートは健全**である.金融市場は楽観に支配され,株式市場は活況を呈し,銀行の貸出しは旺盛になる.企業は投資を拡大し,総生産も総需要の増加とともに増えるだろう.問題は不況のときである.好況によって企業の収益が十分上がり続ける間は,少なくとも利払い rL は可能だが,不況が深刻化すると,一部の企業では収益が減って利払いがとどこおるようになるだろう.市場で企業の評価が下が

り，株の評価がゼロになるところが出てくると，そうした企業の**バランスシート**は，実質的にはK＜Lになりうるわけであり，そのとき（L－K）分が銀行の**不良債権**になってしまうのである．

企業からの利払いがとどこおらない限り，不良債権問題は表面化しない．銀行は，場合によっては「返済のための追い貸し」を行って問題をおおい隠し，しばしば不況を深刻化させる．不況はデフレをともない，負債の実質価値の増大が企業の投資意欲を減退させ，不況はますます深刻化する．こうした**負債デフレーション**の考え方は，アービング・フィッシャーやジェームズ・トービン，ハイマン・ミンスキーによって唱えられた．

表6-1　各主体のバランスシート

実物経済と金融の関係の解明に一生を捧げたミンスキーは，今日，われわれが経験している金融的景気循環を次のように見事に説明した．経済の順調な拡大は，始めは健全な財務内容をともなっている（**ヘッジ金融**①）．企業の投資は，成功とともに投機的になり，ブーム期には負債が加速的に累積していく（**投機的金融**②）．返済の当てのない借入れ（**ポンチ金融**[2]）に陥いる企業が出るなかで，景気は利子率の上昇や期待の変化をきっかけに反転し，不況は不良債権の山と深刻なデフレや失業に特徴づけられる（③）．減耗補填も見送られるような負の投資で資本が整理され金融ポジションも健全化すると，経済は身軽になった企業の投資再開とともに再び活気づく．こうした，実物と金融のダイナミックな関係は，図6-12のようにひとつの円で表わすことができる（**ミンスキーサイクル**）．②から③のあいだの「景気過熱（バブル）とその崩壊」の転換点を**ミンスキーモーメント**という．

強力な金融政策や財政政策は，**ミンスキーサイクル**の振幅を縮めることが期

待される．わが国の第2次安倍内閣で採用された，① 2％のインフレターゲットを設定した異次元の金融緩和，② 大規模な公共投資を復活させる機動的な財政政策，③ 規制の撤廃など，民間投資を喚起する成長戦略，の3つの主要な政策（3本の矢）からなる**アベノミクス**は，その典型といえるであろう．

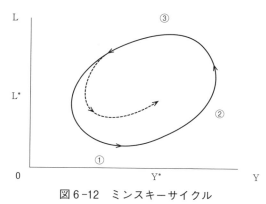

図6-12　ミンスキーサイクル

注：内側の破線は政策介入の効果を表わす．

## 11　日本の景気変動と資産価格の形成

日本について賃金上昇率と失業率の関係を表わす**フィリップス曲線**を描いてみよう．図6-13は，1960年代の**高度成長期**を引き継いだ70年代，80年代の**安定成長期**，90年代から21世紀の現代までの45年間に及ぶわが国の**フィリップス曲線**を描いたものである．

日本経済は，60年代のそれまで主導的であった繊維業や製鉄業，造船業など**重厚長大型**の**高度成長期**（約10％の成長率）を経て，1973年の第4次中東戦争に端を発した石油危機で一時的に急激なインフレーションに見舞われた．欧米諸国は，比較的長期にわたって10％近いインフレと不況による10％前後の深刻な失業の同時存在という，フィリップス曲線では説明できない**スタグフレーション**という現象に悩まされた．一方，わが国は，それが輸入に頼る資源の価

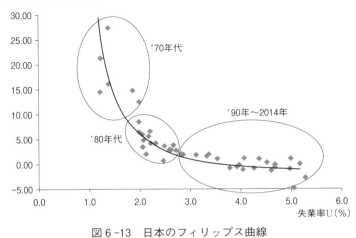

図 6-13　日本のフィリップス曲線

注：1）「毎月勤労統計調査」の数字は，常用労働者が30人以上の事業所を対象にした現金給与総額指数（2010年＝100）の前年比である．
　　2）「労働力調査」の数字は，男女計の季節調整済み完全失業率である．
出所：厚生労働省「毎月勤労統計調査」，総務省「労働力調査」，作成にあたって芝浦工大の長原徹准教授の協力を得た．

格高騰が招いた**コストプッシュインフレ**であることにいち早く気づいてか，極端な金融の引き締めには走らず，そうした現実を直視した柔軟な政策対応が80年代の安定成長への軟着陸を可能にしたといえるだろう．80年代以降は，自動車や精密機器産業など高付加価値型製造業やサービス業が隆盛を見せた一方で，総生産に占める農林水産業の割合は2％まで落ち込んでしまった．90年代の初頭，いわゆるバブルの崩壊により銀行や証券会社などの金融機関の経営は困難を極め，長引く不況でインフレ率はデフレ期も含めてマイナスに陥いり，失業率は一時的に5％以上にまで上昇した．特に深刻な不況期には，需要不足の不均衡は価格調整よりも主に数量調整によって行われた．この20年以上にわたって総生産は500兆円前後でほとんど成長していないのである．

　日本では，ほぼ30年間にわたってフローの価値である**消費者物価指数**も**GDPデフレータ**も，ほぼ低位に安定していた．しかし，ストックの株や土地

の価格は大きく変動した．1980年に6000円台であった日経平均の株価は86年頃から急上昇し，89年末には3万8915円をつけた．その後株価は一挙に崩壊し，たった1年で半値まで下落した．その後，2012年まで1万円を何度も下回った．地価も激しく変動し，1980年から10年間で倍以上に上昇後，急激に半値以下に急落して今日まで一進一退を続けている．特に都市圏ではピーク時の5分の1まで下がったこともあった（図6-14参照）．

自然失業率の下での経済の成長力や収益性，金利などを**ファンダメンタルズ**

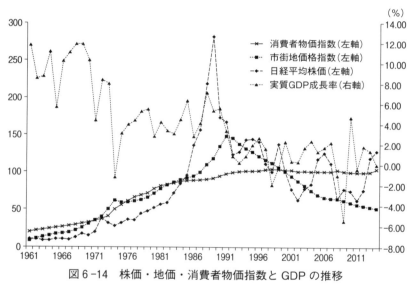

図6-14　株価・地価・消費者物価指数とGDPの推移

注：1）「消費者物価指数」の数字は平成22年基準のものである（2010年＝100）．1969年以前の消費者物価指数は「持家の帰属家賃を除く総合」であり，2010年基準の総合指数とは接続しない．
　　2）「市街地価格指数」の数字は全国の全用途平均の各年3月末値（2000年＝100）．
　　3）「日経平均プロフィル」の数字は各年次末の終値（2000年＝100）．
　　4）実質GDP成長率の数字は，1980年以前は「平成10年度国民経済計算（平成2年基準・68SNA）」，1981年から1994年までは「平成21年度国民経済計算（平成12年基準・93SNA）」，1995年以降は「平成26年度国民経済計算（平成17年基準・93SNA）」による．なお，1994年以前の数値については，異なる基準間の数値を接続するための処理を行っている．

出所：総務省「消費者物価指数」，日本不動産研究所「市街地価格指数」，NIKKEI NET「日経平均プロフィル」，内閣府「国民経済計算」．作成にあたって芝浦工大の長原徹准教授の助力を得た．

という．資産価格 $P_a$ は通常，このファンダメンタルズを反映して形成され，市場価格がそれを上回れば利益を得ようと売りが先行し，下回れば割安と判断して買いが殺到する．一般に資産価格は市場メカニズムをつうじて速やかに調整される．こうした考えを**効率的市場仮説**という．土地や株などの**リスク資産の収益率**を R，危険資産の保有にともなうリスクを $\delta$，安全な資産と考えられる国債の利子率を r とすると，資産市場では**裁定取引**が成立する．

$$R - \delta = r \tag{6-28}$$

ところで1年間の資産保有によって得られる配当や家賃収入を d，$P_a$ の値上がり分を $\Delta P_a$ とすると，資産の収益率 R は，収入率 $d/P_a$ に**キャピタルゲイン** $g_a (= \Delta P_a / P_a)$ を加えたものになる．

$$R = \frac{d + \Delta P_a}{P_a} = \frac{d}{P_a} + g_a \tag{6-29}$$

この**収益率**の式と**裁定取引**の（6-28）式から，**資産価格** $P_a$ の値を求めることができるだろう．

$$P_a = \frac{d}{r + \delta - g_a} . \tag{6-30}$$

$P_a$ は一般に，その資産から得られる収入，安全資産（＝国債）の利子率，保有リスク（$\delta$ を**リスクプレミアム**という），そしてキャピタルゲイン（値下がりするときはキャピタルロス）によって決まるといえる．

　$P_a$ がその国の**潜在成長力**など経済の基礎的条件である**ファンダメンタルズ**から大きく乖離して上昇するとき，その理由のつかない上昇分を**バブル**という．いずれこうした**陶酔状態（ユーフォリア）**は醒め，**バブル**は破裂する．1990年代半ばから続いた株安や地価の暴落も，将来不安にかられたキャピタルロスや，不況下で大幅に高まると思われるリスクプレミアムで大方説明できる．ただし，高配当と大きなリスクプレミアムは切り離すことができない場合も多いことに注意しなければならない．

## 12 ハロッド・ドーマーの成長理論

　生産が拡大し経済が成長するためには，需要と供給がともに足並みを揃えて増加しなければならない．需要は消費や投資が増加すれば増加し，供給は労働や資本が増えるか，技術が進歩すれば増加する．ところで，投資は総需要を増やすだけでなく**設備**に追加されることで資本ストックを増加させ，供給能力を高める．これを**投資の二重性**という．

　ロイ・ハロッドとエブセイ・ドーマーは，現実の経済を観察して成長経路は必ずしも安定的とはいえない，と主張した．彼らはまず，生産要素である労働 N と資本 K を用いて総生産 Y が得られると考え，それは要素の賦存量の相対的に小さい方に制約されると考えた．

　すなわち，**労働投入係数**を n（$=N/Y$），**資本係数**を $v_r$（$=K/Y$）とすると，

$$Y = \min\left(\frac{N}{n}, \frac{K}{v_r}\right) \tag{6-31}$$

ここで技術係数の n と $v_r$ は固定的とされる．$v_r$ は生産 1 単位に必要な資本という意味で**必要資本係数**とも呼ばれる．財市場は常に均衡していると仮定し（$I=S$），貯蓄関数を $S=sY$（$0<s$（貯蓄性向）$<1$）と仮定すると，資本を完全に利用しながら Y が成長する様子は次式で表わされるだろう．

$$G_w = \frac{\Delta Y}{Y} = \left(\frac{\Delta Y}{\Delta K}\right)\left(\frac{\Delta K}{Y}\right) \tag{6-32}$$

ここで資本の増加分に対する生産の増加分の比率 $\Delta Y/\Delta K$ は，固定的な技術進歩の下で資本が完全に利用されれば変化せず，その値は $v_r$ の逆数に等しい．資本の増加分 $\Delta K$ に I を代入し整理すると，

$$G_w = \left(\frac{1}{v_r}\right)\left(\frac{I}{Y}\right) = \left(\frac{1}{v_r}\right)\left(\frac{sY}{Y}\right) = \frac{s}{v_r} \tag{6-33}$$

が得られる．この $G_w$，すなわち失業をともなう経済で資本を完全に利用する

均衡成長率を，**保証成長率**という．反対に経済成長が労働人口に制約される場合は，成長率は**労働成長率**に等しくなり，それは**自然成長率**（$G_n$）と呼ばれる．

さて，現実の成長率 $G = s/v$ について，ハロッドらは次のように考えた．

（1）$G > G_w$ のとき

$v < v_r$ を意味し，現実の資本係数 $v$ が必要資本係数 $v_r$ を下回るから，企業は投資を増やすだろう．その結果，$G$ は押し上げられ，その経路は保証成長経路から上方に乖離していく．

（2）$G < G_w$ のとき

$v > v_r$ で，現実の経済で資本が過剰になり，$I$ が減少して成長率はさらに下がっていく．

いずれにしても，$G$ が $G_w$ に等しくない限り，慢性的な資本不足か過剰資本の存在は避けられない．このような**保証成長経路の不安定性**を，**ナイフエッジ**という．

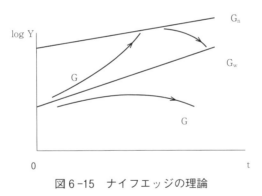

図6-15　ナイフエッジの理論

(注) 縦軸は成長経路を直線で表示したいため対数表示とする．

# 13　新古典派の成長理論

アメリカの代表的な経済学者の1人であるロバート・ソローは，後にソローモデルとして有名になった成長理論を発表した．彼によれば，資本を $K$，労働

量を N として，**一次同次の生産関数**：Y = F (K, N)，aY = F (aK, aN) を想定すると，a に 1/N を代入して，

$$y = f(k), \quad y = \frac{Y}{N}, \quad k = \frac{K}{N}, \tag{6-34}$$

が得られる．ここで，1 人当たりの生産量 y を表わした生産関数 f の性質について，資本労働比率 k がゼロの近辺で $\Delta f/\Delta k \to \infty$，k が限りなく大きくなると $\Delta f/\Delta k \to 0$ を仮定する（稲田の条件）．

資本と労働が同じ率で成長する**均斉成長経路**を求めるためには，k の変化 $\Delta k$ がゼロになれば良い．その条件を求めると，$g_n$ を労働人口成長率，$\delta$ を資本の減耗率，投資 $I = \Delta K + \delta K = sY$ として，

$$\Delta k = \frac{N\Delta K - K\Delta N}{N^2} = \frac{sY - \delta K}{N} - \frac{K}{N}\frac{\Delta N}{N}$$
$$= sy - (\delta + g_n)k = sf(k) - (\delta + g_n)k \tag{6-35}$$

が得られる．したがって，**均斉成長経路**は，$sf = (\delta + g_n)k$ で表わされ，1 人当たり貯蓄は，1 人当たり資本の減耗分と人口増加分に見合う資本の増加分をまかなうものでなければならない．

図 6-16 で，均斉成長に乗る資本労働比率 $k^*$ の右側では $\Delta k < 0$，左側では $\Delta k > 0$ になるので，k は $k^*$ から離れても時間が経てば $k^*$ に収束する．c は 1 人当たりの消費可能量である．こうして均斉成長経路の安定性は保証されるのである．

## 14　ラムゼーモデル――黄金律と最適成長理論――

ソローモデルでは，どのような成長経路が適切かという問題について，答えることは出来なかった．長期的に 1 人当たり消費水準 c が最大になることが望ましいが，その経路を見つけるためには 1 人当たり資本ストック k との関係を明らかにしなければならない．1920 年代に早くもこの難問に取り組んだのは，その才能を惜しまれつつ夭逝したフランク・ラムゼーであった．長期均衡において $sf = (\delta + g_n)k$ であり，c の最大化は生産量 f から貯蓄 sf を差し引いたも

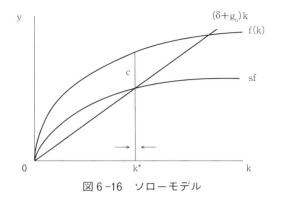

図6-16　ソローモデル

のの最大化に等しいが，それは同時に，$(\delta+g_n)k$ を引いたものの最大化にも等しい．資本労働比率 k は，1 人当たり生産量 f が，減耗補填と人口成長にとって必要な資本の増加に 1 人当たり消費 c を加えたものと等しければ変化しない．したがって，

$$\Delta k = f(k) - (\delta + g_n)k - c, \qquad (6\text{-}36)$$

$\Delta k = 0$ のときの $c = f(k) - (\delta + g_n)k$ を k で微分して，

$$dc = \left(\frac{df}{dk}\right)dk - (\delta + g_n)dk = \left\{\left(\frac{df}{dk}\right) - (\delta + g_n)\right\}dk$$

$\Delta k = 0$ 上での c の最大化：$\dfrac{df}{dk} = \delta + g_n$　　〔黄金律 $k_g^*$〕　（6-37）

$\Delta c = 0 \to \dfrac{df}{dk} = \delta + g_n + \rho$，$\rho$ は割引率　〔修正黄金律 $k_m^*$〕　（6-38）

長期的に 1 人当たり消費 c の最大化が達成される資本労働比率 $k_g^*$ を**黄金律**という．図6-17で，$\Delta c = 0$ になる垂直線は，（6-37）式で得られる $k_g^*$ の左側に立てられる（(6-38) 式）．その理由は将来の c の効用が $\rho$ だけ割引かれるからである．この垂直線の左側では $f' > \delta + g_n + \rho$ になって消費は増加し，右側では反対に消費が減少する．$\Delta k = 0$ の曲線は，$k < k_g^*$ で右上がり，$k > k_g^*$ で右下がりになる．このように貯蓄率 s が内生化されると，各時点の状態変数

である資本ストック $k_t$ に対する操作変数 $c_t$ の最適化 $c_t^*$ が問題となる．状態変数は自ら選んだ操作変数の結果であるが，操作変数は各時点で恣意的な変更が可能である．$c_t > c_t^*$ なら旺盛な消費が資本を食いつぶしていく経路を意味し，最終的には資本は無くなってしまう．$c_t < c_t^*$ なら過少消費が資本の過剰蓄積を招来する結果となる．資本水準が**修正黄金律** $k_m^*$ になって定常的な消費が最適化される状態に乗る経路 $c_t^*$ は一本のみであり，それ以外は発散してしまう，という意味で，$c_t^*$ は定常均衡点に向かう**最適成長経路**といえる．[3]

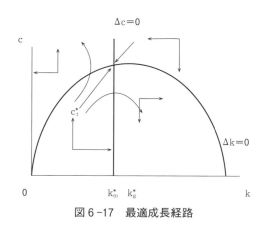

図6-17 最適成長経路

# 15 世代重複モデル——異時点間均衡——

　この章の締めくくりにあたり，最近少子化で人口減少が進むわが国でも深刻な問題になっている，**世代間の均衡**について考えてみよう．若年期と老年期の2期間にわたって生存する家計を考え，家計の異時点にわたる最適化行動を考える．家計の異時点間にわたる効用について，若年期を第1期，老年期を第2期として，第1期の消費 $C_1$，第2期の消費 $C_2$ から得られる生涯の効用を $U(C_1, C_2)$，その性質を $\Delta U/\Delta C_{1(2)} > 0$，$\Delta(\Delta U/\Delta C_{1(2)})/\Delta C_{1(2)} < 0$ と仮定する．これは消費を増やせば効用が高まるが，増やすにつれ効用の増加度が落ちていく，という通常の効用関数の仮定である．この家計は，その第1期の労働による所得 $Y_1$，第2期の $Y_2$ をもとに，第1期には $Y_1$ で消費 $C_1$ と貯蓄 $S$ を行い，

第 2 期には $C_2$ を消費するために $Y_2$ と資産を使い果たすと考える．この場合，家計の効用最大化は，利子率を r として次のような手順で求められるだろう．まず，

$$C_1 = Y_1 - S, \quad C_2 = Y_2 + (1+r)S, \tag{6-39}$$

老年期の効用は ρ で割引かれるとして，家計の生涯効用を最大化するには，$U(C_1, C_2) = \tilde{U}(C_1) + \tilde{U}(C_2)/(1+\rho)$ を貯蓄 S で微分して 0 とすればよい．

$$\frac{\Delta U}{\Delta S} = -\frac{\Delta \tilde{U}}{\Delta C_1} + \frac{(1+r)}{(1+\rho)}\frac{\Delta \tilde{U}}{\Delta C_2} = 0 \tag{6-40}$$

この式，すなわち，

$$\frac{1+r}{1+\rho} = \frac{\left(\dfrac{\Delta \tilde{U}}{\Delta C_1}\right)}{\left(\dfrac{\Delta \tilde{U}}{\Delta C_2}\right)}$$

が，「（1 プラス利子率）と（1 プラス割引率）の比は若年期と老年期の消費の限界効用の比に等しい」という，異時点間の消費の満たすべき最適条件を表わした**オイラー方程式**である．

このように，人びとは働けなくなる老年期までの将来を見越して，最適な消費計画を立てなければならない．そのいわば裏返しとして，「最適な貯蓄」があるわけだが，若者は老人と物々交換は出来ない．なぜなら老人は死に際に何も残さないからである．ここで世代間の交換を可能にするために，金や紙幣などの「外部貨幣」が必要になるが，これ以上の検討は読者のさらなる研究に委ねることにしよう．

注
1) $I(Y, r) = S(Y)$ を全微分して整理すると，

$$\frac{dY}{dr} = \frac{\left(-\dfrac{\partial I}{\partial r}\right)}{\left(\dfrac{\partial I}{\partial Y} - \dfrac{\partial S}{\partial Y}\right)}$$

分子は正，分母は $\partial I/\partial Y$ の項がなければ負で，IS 曲線の傾きは右下がりになるが，正のその項が十分に大きいと分母が正になる可能性があり，その部分では，IS 曲線は右上がりになる．

2）ポンチは，1920年代のアメリカで，ねずみ講のような集金システムを組織した詐欺師．
3）最適化経路について，瞬時効用 $u(c_t)$ の時間をつうじた最大化を考える．

$$\frac{dk}{dt} = f(k_t) - (\delta + g_n)k_t - c_t$$

(1) 運動方程式：状態変数 $k_t$ の動きを決める運動方程式

$k_0 = \bar{k}_0$ (2) $k_t$ の初期値

$\lim_{t \to \infty} k_t e^{-\rho t} = 0$ (3) 横断性条件（過剰な資本蓄積を排除）

の下で，以下の $u(c_t)$ の積分的集計が最大化される経路を見てみる．そのとき，将来の効用ほど割引率 $\rho$ で大きく割り引かれ，低く評価されることに注意せよ（目的関数が発散しないための工夫でもある）．

$$\max \int_0^\infty e^{-\rho t} u(c_t) dt$$

について，ハミルトニアン H は $\mu_t$ をラグランジュ乗数として

$$H = e^{-\rho t} u(c_t) + \mu_t \{ f(k_t) - c_t - (\delta + g_n)k_t \}.$$

これについての最適経路を求める一階の条件は（以下，添字の t は省略），

$$\frac{\partial H}{\partial c} = e^{-\rho t}\left(\frac{\partial u}{\partial c}\right) - \mu = 0 \tag{A}$$

$$\frac{\partial H}{\partial k} = \mu\{ f' - (\delta + g_n) \} = -\left(\frac{d\mu}{dt}\right) \tag{B}$$

$$\lim_{t \to \infty} \mu k = 0 \qquad \text{（横断性条件）} \tag{C}$$

(A) について，その対数をとり微分すると，

$$\frac{-\rho e^{-\rho t}}{e^{-\rho t}} + \left(\frac{u''}{u'}\right)\left(\frac{dc}{dt}\right) = \frac{(d\mu/dt)}{\mu}. \quad \text{これに (B) を代入すれば,}$$

$$\frac{dc}{dt} = \frac{\delta + g_n + \rho - f'}{\left(\dfrac{u''}{u'}\right)} \tag{I}$$

(I) と運動方程式，

$$\frac{dk}{dt} = f(k) - (\delta + g_n)k - c \left( = \frac{\partial H}{\partial \mu} \right) \tag{II}$$

から，図6-17で示した位相図を得る．割引率を考えると，その分だけ黄金律の$k_g$は左にずれる．これを「修正黄金律」という．

**参考文献**

斎藤誠ほか（2010）『マクロ経済学』有斐閣

吉川洋（2000）『現代マクロ経済学』創文社

Barro, R. J. and X. Sala-i-Martin（2004）*Economic Growth*, 2nd ed., MIT Press（大住圭介訳（2006）『内生的経済成長論Ⅰ、Ⅱ（第2版）』九州大学出版会）

Minsky, Hyman（1975）*John Maynard Keynes*, Columbia University Press（堀内昭義訳（1988）『ケインズ理論とは何か—市場経済の金融的不安定性』岩波書店）

Stiglitz, J. E.（2010）*Free Fall, America, Free Markets, and the Sinking of the World Economy*, W.W. Norton & Company（楡井浩一・峯村年哉訳（2010）『フリーフォール——グローバル経済はどこまで落ちるのか』徳間書店）

Tobin, James（1980）*Asset Accumulation and Economic Activity*, Basil Blackwell, Oxford（浜田宏一・薮下史郎訳（1981）『マクロ経済学の再検討——国債累積と合理的期待』日本経済新聞社）

# 第7章 国際経済の理論

## はじめに

　わたしたちの日常生活は，よく見ると世界経済とダイレクトに結びついている．たとえば，日本で買った身の回りの家電製品や衣服なども，いまやその多くが中国製など外国製品だと気付かされる．また，金融自由化によって，個人が日本国内でドル建て預金口座を開設できるし，ドルなどの外国為替取引をネット上で簡単に行えるようになっている．

　今日，一国の国内経済は，もはや海外経済との関係なくして論じることはできない．**グローバリゼーション**（globalization）という用語は，こうした現代経済を象徴するキーワードである．グローバリゼーションとは，経済学的用法においては，市場間の相互の接近および貿易量，資本流出入，雇用の国際的な増大のことをさす[1]．それは，かつて分断されていた財，資本，労働それぞれの市場が国際的に統合化されていくプロセスを意味する．そして，ますます統合化されつつある世界経済の動向は，貿易や投資などの対外経済活動を通じて，一国の生産量や雇用，物価水準といった国民経済に対しても多大な影響を与えることになる．

　したがって，現代経済をより深く理解するためには，国際的な視点からの分析が不可欠である．そこで，本章では，貿易や国際的な資本移動といった国際的な経済活動が，国民所得形成に対してどのように関わってくるのかという視点から国際経済学の基礎的理論について概説する．本書は入門書であるので，ここでは国際経済学の概論として学んでいただきたい．

# 1 国際貿易の理論

　現代経済の特徴のひとつは，極めて複雑に「特化と分業」が行われていることである．しかも，それが単に一国内の異なる産業のあいだで見られるだけでなく，国境を越えて，国と国との間の国際分業というかたちで行われている．特化とは，自分が利用している生産物のごく一部分しか自分では作り出さないということである．自動車を生産する地域もあれば，みかんを生産する地域もある．また，自動車産業ひとつとっても，国内外のサプライヤーと呼ばれる部品メーカーが約2万点ともいわれる部品をつくり，それらを組み立ててようやく1台の自動車が完成する．特化と分業がどれだけ生産を効率的なものにしているかを理解するには，もし自分1人だけで自動車を作ろうとしたら，いったいどれだけ膨大な時間とコストがかかるかを想像するだけで足りる．

　ここでは，**デヴィッド・リカード**による**比較生産費説**について概説する．リカードは，「各々が比較優位をもつ財の生産に特化して」，相互に貿易を行うことによって，両方がより多くの財の組み合わせで消費できることを説き，自由貿易の推進を主張したのである．

　具体的な例をあげよう．いま，A国とB国の2国において，ワインとチーズの2財の生産が行われているとする．それぞれの財1単位を生産するために必要となる労働者数は，A国ではワイン1単位（1樽）には20人，チーズ1単位（1箱）には10人とする．B国では，ワイン1単位に60人，チーズ1単位に20人が必要だとする．これらの必要労働者数をまとめたものが，表7-1である．両国に存在する総労働者数は，A国では1000人，B国では2400人とする．

　同じワイン1単位を生産するのに，B国では60人の労働者が必要であるのに，

表7-1　2国の必要労働者数の比較表

|  | ワイン1単位の生産に必要な労働者数 | チーズ1単位の生産に必要な労働者数 | 存在する総労働者数 |
|---|---|---|---|
| A国 | 20人 | 10人 | 1000人 |
| B国 | 60人 | 20人 | 2400人 |

A国では20人だけで生産できる．このとき，A国はワインの生産において「絶対優位」をもっているという．

ここで，**機会費用**（opportunity cost）について考えてみよう．機会費用とは，一方の財1単位を生産するために犠牲にした他の財の数量のことをいう．たとえば，ワイン1単位を余計につくろうとしたときに，A国では20÷10でチーズを2単位分あきらめなくてはならない．また，B国では，同様に60÷20でチーズ3単位を犠牲にしたことになる．これを，チーズで測ったワイン1単位の機会費用と呼ぶ．

そこで，ワインの機会費用を，A国とB国で比較してみると，A国の方で機会費用が小さい．このように，ある財の生産について，他の財で測ったその国の機会費用が，他の国と比較して小さいときは，その国はその財について「**比較優位**」（comparative advantage）をもつという．よって，A国はワインの生産で比較優位をもつ．同様に，ワインで測ったチーズ1単位の機会費用を調べると，A国では10÷20でワイン1/2単位をあきらめることになり，B国では，20÷60でワイン1/3単位を犠牲にしたことになる．よって，B国はチーズの生産で比較優位をもつ．

リカードは，A国とB国がそれぞれ比較優位をもっている財に特化して分業により生産し，それを両国間で貿易を行うことで配分すれば，貿易以前よりも，より多くの財を消費することが可能となることを証明した．

もし，A国ですべての労働者がワインの生産だけを行った場合には，ワインは50単位（1000人÷20人）生産され，またチーズの生産だけを行った場合には，チーズは100単位（1000人÷10人）生産される．そこで，A国が貿易していない場合の生産可能線を図7-1のように描くことができる．両方の点を結んだ線が生産可能線であり，A国で生産可能なワインとチーズの組み合わせは，この線と原点からなる三角形の外側に出ることはできない．B国の生産可能線も，同様にして図7-2に示してある．

さて，両国が貿易を始めたとする．A国は比較優位のあるワインの生産に特化し，チーズは生産しない．逆にB国は比較優位のあるチーズの生産に特化し，ワインは生産しない．そして，A国は，B国にワインを20単位輸出し，B国はA国にチーズを50単位輸出する．この場合，A国では，ワインを50-

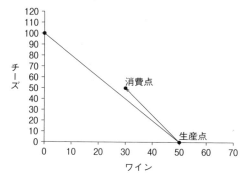

図7-1　A国の生産可能線（貿易前）と貿易後の消費

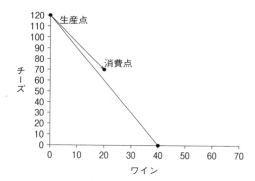

図7-2　B国の生産可能線（貿易前）と貿易後の消費

20＝30単位，チーズを0＋50単位だけ消費できることになる．逆に，B国では，ワインを0＋20単位，チーズを120－50＝70単位だけ消費できる．これは，図7-1および図7-2にあるように，貿易前の生産可能線の外側の組み合わせでの消費が可能となったことを意味する．

　比較優位の理論の要点は，たとえ一方の国の方が，他方の国よりも複数の財の生産において絶対的に優れた効率をもつとしても，なお両国は，比較優位，すなわち相対的効率が優位にある財の生産に特化し，それを貿易によって交換することにより，互いにより多くの財を消費できるということである．

　ただし，この理論には，重要な仮定条件として，まず，2国2財モデルであ

ること，また，生産要素としては，労働のみが存在すること，したがって，投入された労働量がそのまま生産のコストとなる点がある．また，労働力が国境を越えて相手国に移動できない点や，これらの生産物を1単位生産するのに要する労働力は，生産量の大きさにかかわらず一定という平均費用一定という点もある．つまり，リカードの比較優位の理論は，あくまでも上記の仮定条件を踏まえたモデル分析であり，現実経済をすべて説明できるわけではない．しかしながら，国際的な分業による貿易が両国にとってより多い財貨の消費を可能とするということを，機会費用という観点から理論的に示したかれの業績はいまだに色あせることはない．

## 2 開放体系の国民所得決定

すでに読者は，第3章で国民所得の決定について学んだ．ケインズの有効需要の原理に基づく国民所得決定理論は，もっとも基本的には，$Y = C(Y) + I + G$ というモデル式で表現されるが，これは国内モデルであって，外国との経済取引を考慮していなかった．ここでは，国民所得決定理論を，これまでの国内モデル（**閉鎖経済モデル**）から，海外経済取引を含めた**開放経済モデル**へと拡張させる．開放経済モデルにおいては，外国に販売された財・サービスについても輸出として計上する．また，自国の居住者は，その所得の一部を海外からの輸入品の購入に使うことができる．したがって，総支出のうち輸入品の購入にあてられなかった部分が国民所得となる．そこで，開放体系におけるマクロ経済分析においては，国民所得決定のモデル式は，外国との貿易を考えて，純輸出（X−M）を加えた次式となる．

$$Y = C + I + G + X - M \qquad (7-1)$$

ここで，消費関数は，$C(Y) = a + b \cdot Y$ であり，b は限界消費性向である．また，a は基礎消費である．これを（7−1）式に代入すると，（7−2）式を得る．

$$Y = a + b \cdot Y + I + G + X - M \qquad (7-2)$$

また，輸入 M は，自国の国民所得 Y の増加関数であると仮定し，次式で表

わされる。ただし、mは**限界輸入性向**（0＜m＜1）である。

$$M = m \cdot Y \tag{7-3}$$

他方、輸出Xについては、外国の需要に依存するため、(7-4)式のとおり、外国の国民所得$Y_F$の増加関数とする。

$$X = m_F \cdot Y_F \tag{7-4}$$

したがって、国民所得は、(7-5)式で表わされる。

$$Y = a + b \cdot Y + I + G + m_F \cdot Y_F - m \cdot Y \tag{7-5}$$

ゆえに、(7-6)式が得られる。

$$Y = \frac{1}{1-b+m}(a + I + G + m_F \cdot Y_F) \tag{7-6}$$

(7-6)式の右辺のうち、乗数は、$1/(1-b+m)$であるが、これは外国貿易乗数とよばれる。ここで、mは、bとは逆方向に作用する。すなわち、mが大きくなるほど、乗数効果は小さくなることがわかる。また、外国における総需要$Y_F$や外国の$m_F$が大きくなるほど、自国のGDPも増加することが確認できる。このことは、外国の景気動向が輸出を通じて自国経済の景況に影響を与えることを示している。

## 3 国際収支

### (1) 国際収支統計とは

一国の経済活動がどれほど国際的に展開されているかを見る統計として、各国は国際収支統計を公表している。**国際収支**（balance of payments）とは、一定期間における自国のあらゆる対外的な経済取引を体系的に記録した統計である。これは、一般的に世界各国がIMF（国際通貨基金）のマニュアルに準じて公表しているもので、居住者と非居住者との間で行われた取引を扱っており、現在は、① **経常収支**、② **資本移転等収支**、③ **金融収支**の3つに大別されている。

このうち，経常収支（current account）は，国境を超える財・サービスなどの取引を記録したもので，貿易・サービス収支，第一次所得収支（利子・配当金等の収支状況を示す），第二次所得収支（無償資金協力や寄付等の収支を示す）に細分される．また，資本移転等収支は，非生産・非金融資産の取得・処分（特許権・著作権など）や資本移転などを表わす．他方，金融収支（financial account）は，資本の取引を記録したものであり，対外資産・負債の増減に関する取引が計上され，①直接投資，②証券投資，③金融派生商品，④その他投資，⑤**外貨準備**の5項目に細分される．

参考として，2012年および2013年における日本の国際収支統計を**表7-2**に示してある．

表7-2　日本の国際収支統計

（単位：億円）

| | 2012年 | 2013年 |
|---|---|---|
| 経常収支 | 46,835 | 32,343 |
| 　貿易・サービス収支 | −83,041 | −122,521 |
| 　　貿易収支 | −42,719 | −87,734 |
| 　　　輸出 | 619,568 | 678,292 |
| 　　　輸入 | 662,287 | 766,024 |
| 　　サービス収支 | −40,322 | −34,786 |
| 　第一次所得収支 | 141,322 | 164,755 |
| 　第二次所得収支 | −11,445 | −9,892 |
| 資本移転収支 | −804 | −7,436 |
| 金融収支 | 49,158 | −16,310 |
| 　直接投資 | 94,999 | 130,237 |
| 　証券投資 | 32,125 | −254,838 |
| 　金融派生商品 | 5,903 | 55,516 |
| 　その他投資 | −53,445 | 14,271 |
| 　外貨準備 | −30,515 | 38,504 |
| 誤差脱漏 | 3,126 | −41,217 |

（注）四捨五入のため合計が合わないことがある．
（出所）財務省統計より著者作成．

## (2) 経常収支と金融収支の関係

ここではまず，現実の国際収支の動向をつかむために，国際収支の実際のデータについて，1998年から2013年までの16年間の推移を図7-3で見てみよう．日本は過去数十年にわたり，貿易黒字を中心として経常収支の黒字を維持してきた．そして，2013年を除き，金融収支についても経常収支とほぼ同様に黒字を計上していることが，図7-3から見てとれる．金融収支黒字の意味は，経常収支上の取引で記録された黒字とほぼ同じだけ，日本が外国に対して対外純資産を増やしたということである．すなわち，金融収支が黒字であれば，外国に対して保有する預金や債券などの対外債権の増加が対外負債の増加を上回っていることを意味する．反対に，経常収支赤字国の場合には，金融収支も赤字となり，その分，外国から借入れを行う等によって，輸入超過分のファイナンス（負債決済）を行っているとみることができる．

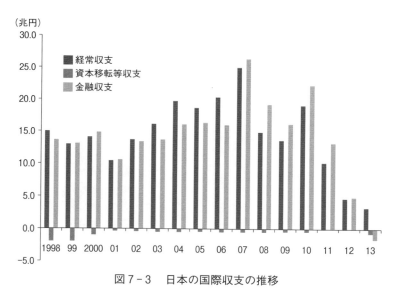

図7-3　日本の国際収支の推移

（出所）財務省統計より著者作成．

このように，経常収支（および資本移転等収支）の側がプラスであれば，金

融収支の側もプラスとなり，逆に，前者がマイナスならば，後者もマイナスの表示となる．この両者の関係は，いわばコインの表と裏のようであり，理論的には次式で示される．

$$経常収支 + 資本移転収支 = 金融収支 \qquad (7-7)$$

しかし，実際の統計では，為替レートの変動等の影響により誤差等が生じているために，「誤差脱漏」という統計上の誤差を調整する項目が別途設けられており，それを含めた関係式は次式となる．

$$経常収支 + 資本移転等収支 - 金融収支 + 誤差脱漏 = 0 \qquad (7-8)$$

上述のとおり，一国の経常収支をみれば，同時にその国の対外債権（あるいは対外債務）の状況がわかる．すなわち，ある一定期間のフローで見た経常収支が黒字であるということは，その分だけストックとしての国家全体の対外純資産（＝対外資産－対外負債）を増加させていることを意味している[2]．

### (3) アブソープション・アプローチ

経常収支と国内のマクロ経済構造には，相互に密接な関係がある．このことを，**アブソープション・アプローチ**を用いて説明しよう．

すでに述べたように，開放体系下の国民所得決定モデルは次式で表わされる．

$$Y = C + I + G + X - M \qquad (7-1)$$

いま，経常収支を CA として次式で定義する（本来，$X - M$ は貿易収支だが，単純化のために，ここでは経常収支とみなすこととする）．

$$CA = X - M \qquad (7-9)$$

これを（7-1）式に代入すると，（7-10）式を得る．

$$Y - (C + I + G) = CA \qquad (7-10)$$

ここで，$C + I + G$ の部分は，家計，企業，政府によってそれぞれ国内で消費される**内需**であり，アブソープション A と呼ばれる．

さて,もし経常収支が黒字,すなわち (7-10) 式の右辺の CA が正値をとるとすれば,左辺も正値をとるから,Y>C+I+G でなければならない.これは,一国の産出量 Y の方が,自国内で消費される内需 A よりも大きいことを意味しており,国内で消費しきれない部分は,海外に輸出され,そのため経常収支が黒字になっていることを意味している.

逆に,経常収支赤字国においては,右辺の CA が負値をとるから,左辺も負値をとり,Y<C+I+G でなければならない.これは,供給された産出量を内需 A が上回っていることを意味し,一国の産出量だけでは,その旺盛な需要に追いつかず,需要の一部を外国からの輸入によって満たしている.ただし,輸入超過分(すなわち経常収支赤字の部分)については,外国に対して債務をもつことになるから,何らかの方法で資金的手当てをして輸入代金を支払う必要がある.その債務の部分は,金融収支の赤字に対応している.

## 4 外国為替市場と為替レート

### (1) 外国為替市場とは

**外国為替市場** (foreign exchange market) は,異なる 2 つの通貨間の交換取引を行う市場であり,他の市場と同様に,需要・供給を通じた市場メカニズムにより外国為替レートが決定される.**外国為替レート**とは,2 つの通貨間の交換比率である.それは,邦貨建てレートでいえば,1 ドル紙幣を円で購入する際の外貨の価格ともいえる.そこで,外貨ドルの需要曲線と供給曲線を描いた円・ドルの外国為替市場を図 7-4 で表わし,外国為替市場の均衡を点検してみよう.DD はドルに対する需要曲線(ドルの買い手),SS はドルの供給曲線(ドルの売り手)を表わす.縦軸の単位 e は,1 ドル=e 円という邦貨建て為替レートを表わしている.いま,為替レートは,E 点において,$e_0$ の水準で均衡しているとする.ここで,もし何らかの要因によってドルに対する需要が増大したならば,DD 曲線は右方へシフトし,**変動レート制(変動相場制)**の下では,新しい均衡点は,E′ に移り,外貨の価格である為替レートは e′ に上昇する(つまり円安にシフトする).

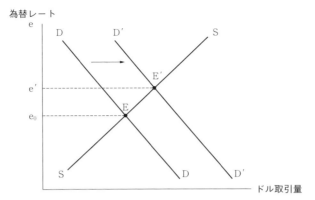

図7-4　外国為替市場における為替レートの決定

## (2) 自国通貨安と輸出との関係

為替レートの変化は，輸出などを通じて，一国の国民所得に大きな影響を与える．たとえば，為替レートが自国通貨安の方向にシフトすると，一般的に自国の輸出企業が有利になる．このことは次の例によって確認できる．いま，為替レートが1ドル＝100円であるとする．ここで，日本製乗用車1台の国内販売価格を100万円とすれば，これをアメリカに輸出してドル建てで販売しようとすると，1万ドルで販売することになる（なお，単純化のために，日本からアメリカへの輸送コスト，関税などは考えないことにする）．ここで，もし，為替レートが円安方向へシフトして，1ドル＝120円になったとすると，その乗用車の国内販売価格100万円をドル換算した場合（100万円÷120円），約8333ドルになるから，以前よりも価格を引下げて販売することが可能となる．つまり，アメリカの自動車会社の乗用車に比べて価格競争力が高まったので，販売台数を伸ばすことが見込まれ，輸出量が増大するかもしれない．あるいは，以前と同じ1万ドルの販売価格で乗用車を同じ台数だけ売っても，1台あたりのドル建て販売代金1万ドルを外国為替市場で再び日本円に戻せば，円建ての売上げは1台120万円となる．いずれにせよ，為替レートの円安へのシフトは，日本の輸出企業にとって有利に働くのである．

他方，もし為替レートが円高方向にシフトすれば，まったく逆の効果を生じ

ることは，読者には容易に理解されるであろう．

### (3) 為替レートの変動要因

　変動レート制の場合，為替レートは外貨の需給関係によって自由に変動する．では，なぜ外貨に対する需要・供給は変化するのだろうか．それには，さまざまな要因があり，どれかひとつに特定することは難しいが，主に次の要因があげられる．

　第1に，外国との貿易にともなう実体的な需給面の要因である．たとえば，日本が外国からの輸入を増やしたとき，外国企業へ支払う輸入代金がドル建てであれば，円を売ってドルに換えようとする動きが強まり，為替レートは円安へとシフトするだろう．これに関連して，ある国の経常収支黒字が継続すれば，長期的には当該国の通貨高を引き起こす要因となり得る．

　第2は，2通貨間の金利水準の変化によって，為替レートが影響を受けるという要因である．たとえば，もし，日本の円金利に比較してアメリカのドル金利の方がより高くなったとすると，より高い収益性を求めて，円建て資産を売ってドル建ての資産に投資しようとする投資家のインセンティブが高まり，それにともない，外国為替市場では円を売ってドルを買う動きが強まる．その結果，為替レートがドル高へとシフトする．国際的な投資資金は，いわば金利の低い国から金利の高い国に向かって流れると考えてもよい．こうした金融資産面の保有高や収益率に注目した考え方は，「**資産（アセット）アプローチ**」と呼ばれており，その代表的な為替レート決定理論は，「**金利裁定式**」[3]によって説明される．

　第3は，心理的な要因である．これは，将来，為替レートがどちらかの方向に変化することを予想して，短期的に外貨を売買することによって収益を上げようとする投機的行動に関連している．ここでは，自らが合理的だと考える予想為替レートではなく，他の大勢の市場参加者の平均的な予想為替レートが将来どちらの方向に動くかを読み込んで，それに合わせた行動をしようとする．たとえば，ある投資家が，多くの市場参加者が，将来，予想為替レートが円高にシフトするだろうと考えていると想定したならば，いまのうちにドルを売って円を買っておくだろう．しかし，多くの投資家が同じような行動をとるため

に，為替相場は，結局いま自己実現的に円高方向へとシフトしていくだろう．

### (4) 購買力平価説

為替レートの水準は，どのようにして決定されるのだろうか．有力な理論のひとつに購買力平価説がある．**購買力平価**（PPP：Purchasing Power Parity）とは，2通貨の**購買力**の比率によって決定される為替レートである．購買力平価説は，「**一物一価の法則**」（law of one price）により成り立つ[4]．これは，1921年にスウェーデンの経済学者である**グスタフ・カッセル**によって提唱された[5]．

以下に，具体的に見てみよう．たとえば，アメリカで石鹸1個が1ドル，日本で同じ石鹸が120円で販売されているとする．同じ石鹸を買うのにドルだと1ドル，円だと120円が必要であるから，1ドルと120円という2つの通貨量は，購買力が等しいと見なすことができる．つまり，そこから，1ドル＝120円という為替レートが得られるわけである．ただし，日米両国で生産されている財は，石鹸だけではない．そこで，同じ財貨で構成されるバスケットをつくり，日米両国におけるそのバスケットの価格をそれぞれ一般物価水準P，およびP*とする．自国通貨建て為替レートeは，自国の通貨1単位の購買力（1/P）と外国の通貨1単位の購買力（1/P*）が均衡するように調整・決定されるのである．これは，次の式により決定される．

$$P = e \times P^* \quad (あるいは，1/P^* = e \cdot 1/P) \quad (7\text{-}11)$$

$$ゆえに，e = P/P^* \quad (7\text{-}12)$$

このように，自国の物価Pと外国の物価P*の比率が，自国通貨建て為替レートeとなる．ただし，購買力平価説のモデルにおいては，財の自由な貿易がなされていること，また，関税および非関税障壁や輸送コストが存在しないこと等が仮定条件となる．

この理論に従えば，為替レートは，2つの国における物価水準の変化によって動く．たとえば，今アメリカの物価水準P*が不変のままで，日本だけでインフレが発生してPが上昇したとする．すると，(7-12)式の右辺のPだけが上昇するため，為替レートeは上昇する（つまり円安にシフトする）．反対に，

日本の物価が不変であるときに,アメリカでインフレが発生したときには,為替レートeは下落する(つまりドル安にシフトする).

## 5 開放体系の下におけるマクロ経済政策

### (1) マンデル・フレミング・モデル

　開放体系の下におけるマクロ経済政策の効果を分析するツールとして,マンデル・フレミング・モデル(Mundell-Fleming Model)がある.これはIS-LM分析を開放体系に拡張したものであるが,このモデルでは,資本の国際的移動をも考慮し,従来のIS-LM分析の枠組みにBP曲線を付けくわえる.BP曲線とは,国際収支を均衡させるような利子率iと産出量Yの組み合わせをプロットしたものである.そして,このモデルにおいては,「資本移動の完全性」が仮定される.すなわち,国際収支が均衡するBP曲線上では,国内利子率iと世界利子率$i_w$が一致しているが($i=i_w$),もし,少しでもiが$i_w$を上回ると($i > i_w$),高い収益性を求めて世界から国内へと資本の流入が発生すると仮定する.また,逆にiが$i_w$を下回ると($i < i_w$),国内から資本流出が発生すると仮定する.そのため,BP曲線はフラットな形状をもつ.[6]

### (2) 固定レート制のケース

　図7-5において,自国の経済がE点において均衡しているとする.ここでは財市場,貨幣市場および国際収支が同時に均衡している.いま,自国が拡張的な金融政策を用いて景気拡大をめざすとしよう.まず,通貨当局がマネーサプライを増やすと,LM曲線は右にシフトしA点に移行する(図中①の矢印).A点では,iが$i_w$よりも低くなる.すると,高い金利を求めて自国から資本が流出する.そのため,外国為替市場では,自国通貨を売って外貨に換えようとする動きが強まり自国通貨安の圧力が生じる.このとき,通貨当局は,固定レート制の維持という政策目標を達成しようとして,自国通貨を買う形で為替介入を行うだろう.するとマネーサプライが減少するため,今度は逆に,LM曲線が左にシフトするだろう(図中②の矢印).こうして,この動きは資本流出の動きが止まるE点まで続く.結論として,固定レート制の下では,自国の金

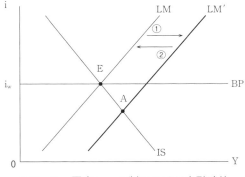

図7-5　固定レート制における金融政策

融政策は,当初の政策目標を達成できず無効となる.

つぎに,この国でマイナスの**実物ショック**が発生したケースを考える(図7-6参照).それは,IS 曲線の左方シフトを意味し,LM 曲線との交点は,当初の E 点から B 点にシフトする(①の矢印).もし,国内モデルであれば,B 点が新しい均衡点となるが,国際的に拡張したマンデル・フレミング・モデルではそうはいかない.B 点では,i は $i_w$ よりも低いので資金の流出が発生し,外国為替市場では自国通貨を売って外貨を買う動きが強まる.そこで中央銀行が為替介入する.この外貨売り・自国通貨買いの介入によって,自国通貨のマ

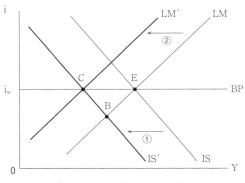

図7-6　固定レート制における実物ショック

ネーサプライが減少するため、LM曲線は左にシフトする（②の矢印）。その動きは、iが再び$i_w$と等しくなり資本流出が止まるところ、すなわちC点まで続くだろう。

結論として、固定レート制における実物ショックは、国内モデルのときよりも、より強められる（C点における産出量は、B点における産出量よりもさらに小さくなっている）。

なお、固定レート制の下では、拡張的な財政政策の発動は、IS曲線の右シフトを意味するが、これはIS曲線が動く実物ショックのケースと同様に考えればよい。すなわち、財政政策は、IS曲線を右シフトさせるとともにLM曲線の右シフトをも誘発させ、政策効果がより強められるため有効となる。

### (3) 変動レート制のケース

変動レート制の下で、マイナスの実物ショックが発生したとしよう（図7-7参照）。すると、IS曲線は左シフトし、均衡点はE点からB点に移る（図中①の矢印）。ここでは、iは$i_w$より低いため資本流出が起こる。ここまでは固定レート制のケースと同じだ。しかし、変動レート制では、通貨当局は為替介入を行わないので、外為市場では資金流出にともない自由に為替相場が変動し、自国通貨安となる。したがって、自国製品の輸出競争力は自動的に改善することになる。そして、輸出の増加は、そのまま自国の総需要を浮揚させるた

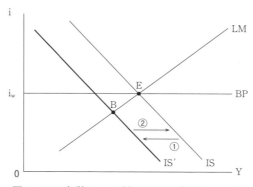

図7-7 変動レート制における実物ショック

め,IS 曲線は再び右シフトし(図中②の矢印),マイナスのショックは自動的に解消されるとともに,i も $i_w$ と一致するところまで上昇する.このように,変動レート制の下では,実物ショックは自動的に調整されるために,財政政策は,なくても済むものとなる.換言すれば,IS 曲線をシフトさせる財政政策も無効なものとなる.

他方,変動レート制の下では,金融政策は有効なものとなる.たとえば,同じく E 点から出発するとしよう(図7-8参照).いま,通貨当局がマネーサプライを増加させることで拡張的な金融政策を実施したとする.LM 曲線は右シフトし交点は D 点へと移る(①の矢印).ここでは i が $i_w$ より低くなるので資本流出が発生し,外国為替市場では自国通貨安となる.すると,それが自国製品の輸出競争力を向上させるため,輸出増加により IS 曲線も右シフトし,新しい均衡点は F 点へと移る(②の矢印).ここでは,金融政策の効果は,IS 曲線の右シフトによってさらに強められており,金融政策は有効となる.

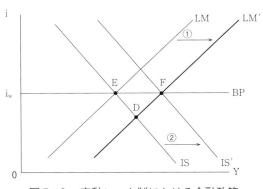

図7-8 変動レート制における金融政策

ただし,現実の経済では,上記の変動レート制下の自動的調整プロセスがいつも妥当するわけではない.その要因は,同モデルが仮定しているような金利格差による資本移動だけで為替レート変動が100%説明できるわけではないからである.

## (4) 固定レート制と変動レート制

さて，これまでの議論からマンデル・フレミング・モデルの結論をまとめると，次の表7-3のとおりとなる．

表7-3 マンデル・フレミング・モデルによる分析結果

|  | 実物ショック | 金融政策 | 財政政策 |
| --- | --- | --- | --- |
| 固定レート制 | より強められる | 無効 | 有効 |
| 変動レート制 | 自動的に緩和される | 有効 | 無効 |

マンデル・フレミング・モデルの分析から得られる結論のひとつは，固定レート制の維持を採用した国家は，自由な資本移動制を前提とすると，金融政策上の自律性を失うということである[7]．

一般に，① 安定的な為替レート（固定レート制），② 自由な資本移動，③ 金融政策の自律性という政策的目標を3つ同時に実現することはできず，ひとつは放棄せざるをえない．これを，**国際金融のトリレンマ**，あるいは「**不可能な三角形**」という．

現在，各国は，上記3つに関する政策目標を，それぞれ次のパターンで組み合わせて採用している．

ⅰ）「変動相場制 – 自由な資本移動 – 独立した金融政策」
現在の日本，アメリカなどの主要国が採用している．
ⅱ）「安定した為替相場制 – 資本移動規制 – 独立した金融政策」
2005年までの中国やマレーシアにみられる．
ⅲ）「安定した為替相場制 – 自由な資本移動 – 金融政策の委譲」
パナマ等のドル化した国，ドルに対してハード・ペッグしている国，また，ユーロ参加国相互間もこれに該当する[8]．

さて，**図7-9**は，日本円と中国の人民元の対ドルレートを表示したものである．中国は2000年代半ばから輸出増加による経常収支の大幅な黒字化をみせており，2005年7月以降は，それまでの対ドル固定レート制から通貨バスケット制へと移行し，段階的な切り上げを行っていることがわかる．それでも，為

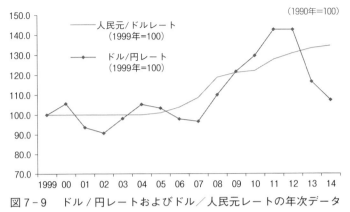

図7-9　ドル／円レートおよびドル／人民元レートの年次データ

（注）ドル／円レートの表示方式は，1円＝eドル（外貨建てレート）．よって，指数が大きいほど円高となる．人民元も同様．

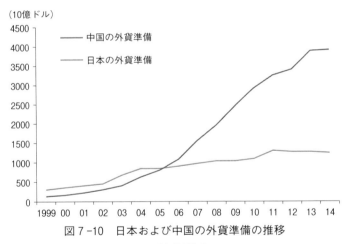

図7-10　日本および中国の外貨準備の推移

（出所）Principal Global Indicators より著者作成．

替レートの急激な変動を避け安定した為替レートを維持するため，為替介入を行わざるを得ず，結果的に中国の外貨準備は，2000年代以降に急激に増加していることがわかる（図7-10参照）．他方，日本も経常収支黒字ではあるが，変動レート制をとっているため，通貨当局が為替介入する余地は低く，そのため

外貨準備は微増にとどまっており，中国とは対照的であることがわかる．

## 6　国際通貨と国際通貨システム

### (1)　国際通貨

　全世界規模で共通の法的通用力をもつ支払い手段としての通貨は，未だ存在していない．実際上，ドルなどの**国民通貨**（national currency）あるいは域内単一通貨である**ユーロ**がそのまま用いられており，こうした通貨は「**国際通貨**」（international currency）と呼ばれる．国際通貨のなかでも，もっとも取引量が大きく中心的な地位を占める通貨を「**基軸通貨**」(key currency) とよぶことがある．アメリカ・ドルは，為替市場における**媒介通貨**として，あるいは公的部門における外貨準備や介入通貨として，さらには貿易取引における契約・決済通貨としてもっともよく用いられているため，しばしば基軸通貨とよばれる．ただし，いかなる基準をもって基軸通貨とすべきかとの定義は，必ずしも明確に定められているわけではない．

　ある通貨が，国際通貨として利用されるかどうかは，その通貨を発行している国家が，通貨を管理する力をもっているかどうかに依存する．通貨を管理する力は，経済の実体面を管理する力があって初めて与えられる．したがって，国際通貨たる条件として，第1に，当該通貨発行国の経済規模が十分に大きくなければならない．第2に，当該通貨建てによる十分な大きさの金融・資本市場が存在していることである．これらがそろって初めて，世界経済に対して当該国が構造的な安定性を提供でき，当該通貨への信認を得ることができる．

### (2)　国際通貨システム

　国際通貨システムは，次の選択的な構成要素から成り立つ．第1に，国際通貨の選択である．第2に，為替相場制である．厳格な固定レート制から自由な変動レート制という両極の間でどのような為替相場制が採用されているかは重要である．第3に，国際的な資本移動を自由とするか，あるいは何らかの資本規制をとっているかという政策的選択である．

　歴史的にみると，日本，西欧，アメリカなど主要国における支払い・決済の

ための国際通貨システムは，大きくわけて，① 国際金本位制（固定相場制）→② **ブレトン・ウッズ体制**（固定相場制）→③ 変動相場制（ただし，通貨当局による為替介入も行われる）の3つの段階を経て今日に至っている．

## (3) 金本位制

**金本位制**（gold standard system）とは，金を本位貨幣とする制度である．ここでは，金の一定量が本位（度量単位）として固定され，これに対する貨幣の交換比率，つまり金の法定価格が定められるとともに，通貨当局が無制限に自国通貨と金との交換に応じること，および金の国際的な自由取引が認められる．

19世紀末までには，イギリス，ドイツ，フランス，日本，アメリカをはじめ多くの国が金本位制を採用し，国際金本位制が構築された．国際金本位制の下では為替レートは安定する．たとえば，もし，日米両国が金本位制を採用しており，日本では1円を金0.1グラム，アメリカでは1ドルを金10グラムという価値が定められているとする．このとき算出される為替レートは，1ドル＝100円となるが，これを**金平価**という．そして，この為替レートは安定している．なぜなら，もし，外国為替市場において1ドル＝120円という円安にシフトしたとすると，日本からアメリカへ1万ドルを支払う場合には，外国為替を使うと120万円必要となる．ところが，日本国内でまず100万円を金100キログラムと交換して，その金をアメリカに送って，アメリカ国内でドルと交換すれば，1万ドルを得て支払いにあてることができ，20万円分も得をするからである．もちろん，金を日本からアメリカに輸送するときの費用（運送費，保険料など）がかかるので，それは計算に入れなければならない．結局，為替レートは，金平価の上下，金輸送の費用の幅より外にでることはない．したがって，金本位制の下における為替相場は，一種の固定レート制となる．

しかし，一見すぐれた制度に見えるかつての金本位制には，大きな欠点があった．それは，この制度が対外経済の安定と国内経済の安定とを必ずしも両立できない点である．つまり，金と貨幣流通量がリンクしているため，貿易収支が赤字の国では海外への支払いのための金の流出によって貨幣供給量が減少してデフレ圧力が発生する．そこで，もし赤字国が金融引締めを行えば，確かに国際収支は改善されるが，代わりに物価の下落と失業の増大という犠牲を払うジレ

ンマにたたされるのである．

　第一次世界大戦の勃発とともに，主要国は金本位制を停止した．戦後は一時的に金本位制に復帰したものの，1930年代に入ると，世界恐慌の中でイギリスをはじめ多くの国が次々に金本位制を離脱し，**管理通貨制度**（通貨発行量を通貨当局の裁量に委ねる制度）へと移行していったのである．

### (4) ブレトン・ウッズ体制

　1946年に**国際通貨基金**（IMF：International Monetary Fund）が設立され，戦後の主要国間における国際通貨システムの基本的枠組みが形成された．このIMF設立に向けた取決めが，アメリカニューハンプシャー州のブレトン・ウッズにおいて締結されたため，後に**ブレトン・ウッズ体制（IMF体制）**と呼ばれるようになった．ここでは，金1オンス＝35ドルの平価が決められ，ドルの金への兌換が保証されるとともに，各国通貨はドルに対する平価が定められ，為替レートをドル平価の上下±1％の範囲内での変動にとどめる固定レート制を維持する義務を負った[10]．この平価が変更できるのは，経常収支赤字などの基礎的不均衡が存在する場合のみに限定された．そのため，このような固定レート制は「**調整可能な釘付けレート制**」（adjustable peg）と呼ばれる．また，国際収支危機に陥った加盟国に対する融資制度も整備された[11]．

　このように，ブレトン・ウッズ体制は，国際通貨システムの中心に依然として金という資産を据えており，それがドルとリンクしていたため，金ドル本位制ともよばれる．

### (5) ニクソン・ショックと変動相場制への移行

　アメリカは，1960年代までは貿易収支黒字を維持したものの，1971年には年間ベースではじめて赤字に転じた．また，ドルに対しては，当時のドイツ・マルクや日本円に対する平価の切り下げが予想され，それを見越して巨額の資本がアメリカから日本・ドイツなどへ流出していた．

　1971年8月，ニクソン米大統領は，ドルの金との兌換保証を一方的に停止した（**ニクソン・ショック**）．これに応じて，主要国は一時変動相場制へと移行した．同年12月にはワシントンで，ドル平価を切り下げたかたちで再び固定レー

ト制を維持しようとしたが（**スミソニアン合意**），市場でのドル売りの勢いは止まらず，結局，1972年6月にはまずイギリスが変動相場制に移行し，日本は1973年2月に，EC（欧州共同体）諸国は同年3月共同フロート制というかたちで，それぞれ変動相場制に事実上移行していった[12]．

　こうしてブレトン・ウッズ体制は終焉し，主要国間における変動相場制の時代に入ったのである．ただし，為替レートの乱高下が，生産，雇用，物価などに悪影響を与えると判断される場合には，各国の通貨当局（中央銀行）が為替市場に介入して，レートの安定をはかることがあるため，現行の制度は「**管理された変動相場制**」ともよばれている．

### (6)　流動性ジレンマ論

　さて，戦後のブレトン・ウッズ体制，つまり金ドル本位制による固定レート制は，なぜ，維持できずに崩れ去ったのか．それは，**ロバート・トリフィン**が主張したいわゆる「**流動性ジレンマ論**」によって，大まかに説明されよう．つまり，戦後の急激な貿易活動の拡大によって，諸外国が経常収支黒字を拡大させ非居住者のドル保有残高が増えることになると，アメリカは，経常収支赤字の下で，国際流動性としてのドルを世界中に大量に供給することになる．しかし，それは，ドルと金との兌換の必要性をより増大させることになるから，やがてアメリカの金準備の保有が追いつかなくなるのではないかという不安から，ドルの信認が崩壊し，通貨危機が起こってしまう．それでは，アメリカが経常収支の改善に努め，それが成功した暁にはどうなるかというと，逆に国際流動性の出所がなくなって，世界的な流動性不足がおこるおそれがあるという論拠である．

　いずれにせよ，基軸通貨たるドルが金との兌換を保証している限り，金ドル本位制に基づく固定レート制度の維持には限界があったのである．

## 7　グローバル・インバランスの問題

　ある国家を単独でみたときに，その国が経常収支黒字であったとしても，その貿易相手国では，反対に経常収支が赤字となっているはずである．結局，世

界全体でみたときには，経常収支の黒字の総額は，同額の赤字と相殺されてゼロとなるはずであり，その意味で，経常収支は，いわば「ゼロサムゲーム」である．経常収支が黒字の国は，外貨をかせいで対外純資産を増加させているが，他方で，経常収支赤字という構造問題が果たして是認されるのかといえば，答えは否である．つまり，経常収支赤字であれば，外国に対する対外債務を抱えていることを意味する．したがって，経常収支赤字が継続し，対外債務が徐々に累積していくことは，**債務不履行（デフォルト）**などの将来的な金融危機へとつながるため，それだけリスクが高くなっていると考えるべきである．

図7-11は，日本，ドイツ，アメリカ，中国の経常収支を1980年から2014年まで時系列でプロットしたものである．アメリカでは，とくに2000年代から経常収支赤字の傾向が強まっているとともに，ドイツや日本ではこれとは対照的に経常収支黒字であることがわかる．さらに，2000年代後半には中国の経常収支黒字が突出して高いことがわかる．

主要国が1970年代に相次いで変動相場制へ移行して以来，期待された経常収支均衡回復機能が十分に発揮されていないか，もしくは，経常収支不均衡をさ

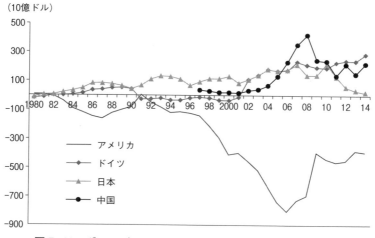

図7-11　グローバル・インバランス（主要国の経常収支の推移）

(出所) IMF, World Economic Outlook Databases, より著者作成．

らに拡大させているのである．これは，現代の国際経済における最大の特徴点のひとつといえる．

**グローバル・インバランス**とは，アメリカの経常収支赤字の拡大・常態化と，その対極にあたる東アジア・産油国等の構造的な経常収支黒字という不均衡の構図をさす．それはなぜ起こるのか？　答えは，基軸通貨国たるアメリカの特別な地位にあるといえよう．つまり，経常収支が赤字であっても，基軸通貨国たるアメリカは，やはり相対的にみれば安定的で収益性のある投資地域であるとみなされ，対アメリカ向けの投資がなされているからである．その結果，経常収支が赤字であっても，投資的な資金がふたたびアメリカに還流しているのである．

一般的に，経常収支赤字であれば，外貨による資産決済が必要であるが，アメリカは外貨ではなく，自国通貨ドルで支払うことができる．これは基軸通貨国がもつひとつの特権ともいえる．アメリカ以外の輸出国側からみれば，輸出代金をドル建てで受け取り，それをアメリカで公社債投資などの形態で運用しているかたちとなる．つまり，アメリカの輸入代金は，非居住者のドル建て債権の増加にすぎず，経常収支赤字が増えたところで，支払いに困難は生じない（負債決済）．これはドルが基軸通貨として国際的な信認を得ているからこそ可能だといえる．ただし，こうした慢性的かつ拡大的な経常収支赤字は，長期的にはその持続可能性を問われるはずであり，今後の国際経済における大きな課題のひとつである．

## おわりに

グローバリゼーションを過程ではなく現象としてとらえた場合，貿易量の増大という現象を生みだしたのは自由貿易主義と自由な市場経済の理念であり，これは，自由貿易協定（FTA）やEUの経済通貨同盟（EMU）といった**経済統合**（economic integration）によっても促進されたといえる．また，今日世界経済の中心は，欧米からアジア・環太平洋地域へと徐々にシフトしつつある．これも，21世紀に入ってからのグローバリゼーションの大きな特徴といえるだろう．その象徴的出来事を挙げるとすれば，2015年10月に大筋合意に達した環太平洋

パートナーシップ協定 (TPP) であり，そして，同年12月末のASEAN経済共同体の発足といえる．

　他方，今日の国際経済社会では，一国で起こった金融危機・経済危機が世界中にその影響を及ぼす．2008年のリーマン・ショックや，2010年に発生したギリシャ国家債務危機などが最近の実例である．

　本章では，こうした世界経済のダイナミックな動きと課題を読み解くためのヒントと基礎的理論の解説を試みたつもりである．読者の現実の国際経済に対する一層の関心と更なる勉学のための参考となることを期待したい．

注
1) 1970年代以降のグローバリゼーションの推移をみると，その急速な進展ぶりがわかる．1970年代初頭から1995年までの四半世紀で，世界のGDPは約8倍に増大しているが，輸出量は約13倍に達している．さらに，海外直接投資については，1972年を起点として約18倍に達している．金融市場については，たとえば，債券新規発行額が，約42倍にまで達している (Duwendag/Ketterer 1999: S.255)．
2) 日本は，過去30年以上にわたり経常収支黒字を続けてきたため，2014年末現在で，約367兆円の対外純資産を有する世界最大の対外純債権国 (注：対外債権から対外債務を引いたネットの債権) となっている．
3) カバー無し金利裁定式は，次のモデル式で表わされる．$i - i^* ≒ (E_f - e)/e$　ただし，$i$：円金利，$i^*$：ドル金利，$E_f$：円ドルの予想為替レート (ただし，$E_f$は一定との仮定が置かれる)，$e$：円ドルのスポットレート．
4) 貨幣の購買力とは，① 貨幣1単位で購入可能な財貨の量である．あるいは，② ある財を1単位得るために必要な貨幣の量のことであり財の価格Pで表わされる．ここで，財で測った自国の貨幣1単位の購買力は，$1/P$ であり，これは，貨幣で測った財1単位の価格の逆数である．これは，当該通貨1単位で，財貨がどれだけの量まで買えるかを示している．ある国においてインフレが進行し物価Pが上昇すると，当該国の通貨価値である購買力$1/P$はその分だけ低下することを意味する．
5) 一物一価の法則とは，同一の財・資産に対しては，ひとつの価格しか存在しないという原理．なぜなら，もし，同一の財に対して，異なる価格がついているとしたら，価格の安いところで財を買って，そのまま価格が高いところで売って利益をえるという裁定行為が行われるだろう．すると両方の価格は近づき，やがて裁定のうまみが消滅する同一価格にまで収れんする．
6) BP曲線のモデル式は，一般には次式で表わされる．

$$BP = CA(e, Y) + KA(i - i^*) = 0$$

すなわち、国際収支 BP＝経常収支 CA＋資本収支 KA である.
7) この点は、経済統合のひとつの段階として、EU 諸国がユーロ単一通貨圏に参加するかを判断する際に、通貨統合のデメリットとしても説明される.
8) 田中、岩田（2008）45頁.
9) いま N 個の国民通貨があるとすると、2通貨間の為替相場の組み合わせは、N(N−1)÷2だけ存在する. ここで、ある通貨を媒介通貨に選ぶことで、クロスレートが計算できるので、組み合わせは（N−1）個だけですむ. ドルは事実上2つの通貨取引の間に入る媒介通貨として機能してきた.
10) 日本の IMF 加盟は1952年であるが、円は、すでに1949年に1ドル＝360円の平価が定められ1971年までこの固定レートが維持された.
11) 1997年に起きたアジア通貨危機の際には、緊縮経済政策と構造改革策などの融資コンディショナリティー（条件）の要求とともに IMF はタイ、韓国などのアジア諸国に対して緊急融資を実施した. また2010年には、ユーロ参加国であるギリシャで国家債務危機が発生したが、その際にも、IMF はギリシャに対する資金的支援のため緊急融資を行っている.
12) 1978年発効の IMF 協定の改正（キングストン協定）で、変動相場制が追認された.

**参考文献**
岩本武和（2012）『国際経済学　国際金融編』ミネルヴァ書房.
関東学院大学経済学部経済学科編（2015）『スタディガイド　はじめて学ぶ経済学』関東学院大学出版会.
田中素香・岩田健治編（2008）『現代国際金融』有斐閣.
Bofinger, Peter（2011）Grundzüge der Volkswirtschaftslehre, 3. Auflage, Pearson Studium.
Duwendag, Dieter and Ketterer, Karl-Heinz（1999）Geldtheorie und Geldpolitik in Europa, 5. Auflage, Springer Verlag.
Krugman, Paul R., Obstfeld, Maurice（2009）International Economics: Theory and Policy, 8 th Edition, Pearson Education. 邦訳：P. R. クルーグマン・M. オブズフェルト（2014）『クルーグマンの国際経済学——理論と政策——下巻　金融編』原著第8版, 丸善出版.

# 第8章 行動経済学

## 1 行動経済学とは

　行動経済学は，しばしば直感・感情に頼って判断・決定を行ない，さまざまな情報に振り回されるような合理的とはいえない普通の人が，なぜ，どのような経済行動をし，その結果市場で何が起こり，資源配分や所得分配，さらに人びとの幸福や満足感にどのような影響が及ぼされるのか，およびそのような人びとの行動を変化させるために有効な経済・社会政策はどのようなものであるのかを追究する新しい経済学である.[1]

　標準的経済学（新古典派経済学）では，経済に参加する消費者・企業・政府などすべての経済主体が完全に合理的であるという前提が置かれている．経済主体の合理性とは，入手しうるすべての情報を考慮に入れて，損得を確率も含めて完璧に計算し，自己の経済的な満足を最大化するように行動するということである．このような合理性の前提を満たす経済主体は「**経済人**」と呼ばれ，標準的経済学はこのような経済人の行動原理を基礎にして理論が組み立てられ，政策提言が行なわれている．

　これに対し行動経済学は，経済主体の合理性を前提としない．とはいえ，人の行動はランダムでもなければ目茶苦茶でもなく，かなりの程度の合理性を有する．これを「**限定合理性**」という．さらに行動経済学では，ときとして選好が矛盾することもあり，自分ばかりでなく他者の利益についても考慮し，短期的な利害にとらわれ長期的な利害を軽視しがちな普通の人間を前提とする．経済人がフィクション（虚構）としての人間であるのに対し，行動経済学の人間像はファクト（事実）としての人間である．新古典派経済学が立脚する経済人の仮定と，行動経済学が前提とする現実の人間との対比は**表8-1**にまとめら

れている．

表8-1 新古典派経済学と行動経済学の人間観

| 性　質 | 新古典派経済学 | 行動経済学 |
|---|---|---|
| アプローチ | 理想的・仮想的（フィクション） | 現実の人間（ファクト） |
| 合理性 | 完全 | 限定的（限定合理性） |
| 認知・判断 | 理性のみ | 感情＋理性 |
| インセンティブ（動機づけ） | 主として経済的 | 経済的・社会的・心理的 |
| 利己心 | 完全 | 限定的（利他心あり） |
| 意思力 | 完全 | 不完全（意思の弱さ） |
| 他者との関わり | 独立 | 相互依存 |

　行動経済学は，心理学者のダニエル・カーネマン，心理学者エイモス・トヴェルスキー，および経済学者のリチャード・セイラー等によって創始された．創始者の一人であるカーネマンは，2002年にノーベル経済学賞を受賞したことで知られる．行動経済学は，経済学と心理学の融合から生まれた新しい経済学であり，標準的経済学からの大きなパラダイム転換を迫るものである．

　行動経済学は，認知心理学・社会心理学・進化心理学などの心理学諸分野から多大な影響を受けているし，同時に社会学・人類学・脳科学などの関連諸科学との学際的分野でもある．研究方法も心理学と同様に，実験室実験，フィールド実験，アンケート調査を多用するほか，コンピュータ・シミュレーション，脳画像による脳の活動の測定などの実証的方法を用いるのが特徴である．

　また，人間の心理や行動は，進化によって先天的に身につけたものが多い．しかし，人間が進化してきた環境と現在の環境はあまりに違いが大きく，進化的には適応的であっても，現在の環境では不適応ということもありえ，それがときとして非合理的な判断や行動をもたらすことがある．そのため，人間の実際の行動の理由や原因を探るためには，進化的な観点からの考察が不可欠となる．この点は，行動経済学が標準的経済学と大きく異なる特徴である．

## 2　二重プロセス理論とヒューリスティック

### (1)　二重プロセス理論

　人間が判断や意思決定をする際には，理性のみならず，直感や感情がきわめて大きな働きをしていることが，最近の心理学や脳科学の研究から明らかになってきた．この考え方を取り入れた人間の判断・決定に関するモデルは「**二重プロセス理論**」と呼ばれている[2]．行動経済学は，この考え方に全面的に依拠している．二重プロセス理論では，われわれが行なう判断や意思決定は，脳内の2つのシステムで担われている．ひとつは「**システム1**」と呼ばれ，直感的，感情的であり，素早く，無意識のうちに起動し，動かすのにエネルギーを必要としない．意識せずとも自動的に働くことから，反射システムと呼ばれることもある．システム1は，同時並行で複数の作業をこなすことができる（マルチタスク）．またシステム1には，知覚と記憶という完全に自動的な活動も含まれる．これに対して「**システム2**」は，熟慮システムと呼ばれることもあり，思考・熟慮を司る．システム2は，意識的に行なう必要があり，時間がかかり，労力やエネルギーを要するし，一時にひとつの作業しかできない（シングルタスク）．システム1は常に働いていて，スイッチを切ることはできないが，システム2は怠け者であり，なかなか起動しないし，起動しても長続きしないという特徴がある．

　システム1は素早く判断して，直ちに行動の指針を与えることができるという長所を持つ．システム2が時間をかけて結論を出していたのでは間に合わないような切迫した状況において，システム1はきわめて効果的である．たとえば，ヘビのようなモノを見たら怖いと思い，すぐ逃げるという決断をさせるのは，システム1の働きである．このとき，本当にヘビだろうか，毒はあるのかないのかなどとシステム2が判断するまで逃げずにいたら，嚙まれて致命傷を負うかも知れない．それがたとえヘビでなかったとしても，とりあえず逃げるのが得策であり，その行動を引きおこすのはシステム1である．また，日常の買い物や会話など，生活上の多くの意思決定では，システム1で十分である．

　しかし，システム1は間違いを犯しやすいし，バイアスがかかった判断をし

やすいという弱点も持っている．システム2には，システム1の判断・決定を評価し，それを受け入れて実行に移したり，逆にシステム1の判断や決定をくつがえすという役割もある．また，自己規制（セルフコントロール）もシステム2の重要な役割である．しかし，修正や規制という機能が，常にうまく働くとは限らない．

### (2) ヒューリスティック

　システム1が判断の根拠として用いるのは「ヒューリスティック」である．ヒューリスティックは，手がかり，近道，目の子，経験則などといわれるが，手っ取り早く判断を下すための基準である．ヒューリスティックの対語として，厳密な解が得られる方法であるアルゴリズムがあるが，システム1がアルゴリズムを使うことはない．システム1がヒューリスティックを用いることで，判断が素早く下されるという利点はあるが，合理的とはいえない多くのバイアスを生じさせることもよくある[3]．

　システム1が用いているヒューリスティックの例をいくつか挙げよう．これらのヒューリスティックの使用からしばしばバイアスがかかった判断が生じることになる．いわば，ヒューリスティックを用いることが非合理的判断の源泉のひとつなのである．まず，「利用可能性ヒューリスティック」とは，最近メディアで見聞きしたり，自分が体験したといったような，記憶に残っていて，すぐに頭に浮かぶ事物はよく起こると考えることである．「代表性ヒューリスティック」とは，母集団がどのような性質を持っているのかを判断するとき，母集団のイメージや固定観念に似ている場合には，少数の事例であったとしても，その集団を代表すると判断することである．「同調性（大勢順応性）ヒューリスティック」とは，多数の人が行なっているとか考えているということに，考えなく従うことである．「感情ヒューリスティック」とは，第一印象とか直感で，好きか嫌いか，あるいは感情的な反応が強いか弱いかでものごとの好悪や善悪を判断することである．

## 3 プロスペクト理論

「**プロスペクト理論**」は，不確実性の下での意思決定をモデル化したものであり，行動経済学の中核をなす理論である．プロスペクト理論は，2種類の関数で構成される．ひとつは「**価値関数**」であり，通常の経済学における効用関数に相当する．もうひとつは「**確率加重関数**」であり，人が確率を主観的にどのように捉えるかを示す関数である．

### (1) 価値関数

価値関数は，図8-1に示されているような形状であり，3つの大きな特徴を持っている．それらは，参照点依存性，損失回避性，感応度逓減性である．

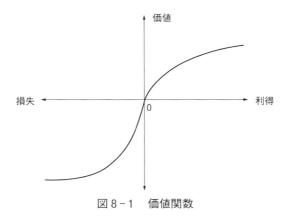

図8-1　価値関数

まず第1の「**参照点依存性**」とは，価値（効用）は，参照点といわれる何らかの基準からの距離や移動で測られるという性質である．たとえば，真夏の気温20度は寒く感じるが，真冬の20度は暖かく感じられる．このように，人は20度という絶対値にではなく，相対値に反応するというのが人間の感覚の性質である．効用に関しても同じことが成立する．そのため，効用は絶対値にではなく，参照点からの乖離によって測られる．今年の年収300万円の価値は，昨年

の年収が200万円であるか,400万円だったかに依存して決まる.前者なら300万円の価値は大きく,後者であれば価値は小さくなる.図では,原点が参照点としてとられ,縦軸の上側は参照点と比較しての利得,下側は参照点と比較しての損失を表わし,横軸は,それぞれに対応する価値を表わしている.

第2の性質である「**損失回避性**」とは,同一の額の利得の価値と損失の価値を比べると,損失の方が利得より価値として大きいことを意味する.同じ額の利得と損失の絶対値の大小を,価値関数を$v(x)$として式で表わせば,

$$|v(-x)| > v(x)$$

となる.カーネマンとトヴェルスキーは,利得の絶対値と較べて,同一の額の損失の絶対値は,2倍から2.5倍の大きさであることを測定している[4].

価値関数の第3の性質は「**感応度逓減性**」であり,これは,効用関数における限界効用逓減と同じ意味である.

このような性質を持つ価値関数の例は次のようなものである.

xを参照点($x = 0$)からの利得($x > 0$)または損失($x < 0$)とすると,

$$v(x) = \begin{cases} x^\alpha & (x \geq 0 \text{のとき}) \\ -\lambda(-x)^\beta & (x \leq 0 \text{のとき}) \end{cases}$$

この式において,$\alpha = \beta = 0.88$,$\lambda = 2.25$であることが計測されている.ここで,$\lambda$は損失回避係数といわれ,損失が利得の$\lambda$倍であること(損失回避性)を示し,$0 < \alpha, \beta < 1$は,感応度逓減性を示している.

## (2) 確率加重関数

プロスペクト理論のもうひとつの特徴は「確率加重関数」である.通常の期待効用理論では,結果が生じる確率と結果の効用との積が期待効用である.つまりxによってもたらされる期待効用は,

(xの生じる確率p)×(xの効用)

である.

しかし,プロスペクト理論においては,確率はそのまま評価されるのではな

く,意思決定者によって主観的に重みがつけられることになる.つまり,確率1/3は心の中では1/3に感じられずに,それがさらに違う重みとなって感じられるということである.その主観的な重みを表わすのが,確率加重関数である.

図8-2は,確率加重関数を表わしている.横軸は確率pであり,縦軸は確率加重すなわち確率の主観的な重みw(p)を表わしている.

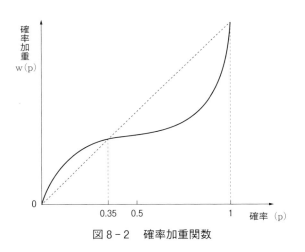

図8-2 確率加重関数

確率加重関数の特徴として,小さい確率は過大評価され,大きい確率は過小評価されることがある.確率がほぼその値通りに評価されるのは,p=0.35であることが,カーネマンとトヴェルスキーの測定によって明らかにされている[5].

典型的な確率加重関数を式で表わすと,次のようになる.ここで$\gamma$は定数であり,カーネマンとトヴェルスキーによって,$\gamma=0.65$であることが確かめられている.

$$w(p) = \frac{p^{\gamma}}{\{p^{\gamma}+(1-p)^{\gamma}\}^{1/\gamma}}$$

以上により,結果(利得または損失)xが確率pで得られ,結果yが確率q

で得られるプロスペクトの全体的評価は，

$$V = w(p)v(x) + w(q)v(y)$$

となる．

　この値に基づき選択がなされるが，システム2によって意識的に計算されてなされるとは限らず，システム1によって自動的，無意識的に行なわれることも多い．

## 4　選好の状況依存性

　標準的経済学では，選好は安定的で，矛盾がなく，選択のための強固な基礎を与えることが前提とされている．これに対して行動経済学では，選好は必ずしも安定的ではなく，状況に依存して変化すると考えられている．状況に応じた選好として5つの例を見ていこう．

### (1)　損失回避性と保有効果

　損失回避性は，利得を得るよりも損失を避けたいという人間の強い欲求から生じる．この欲求は，進化的に重要な意味を持つ．すでに持っている資源に加えて新たな資源を獲得することに比して，それを失うことは，生存や子孫を残すことにとって大きなマイナスである．したがって，できる限り損失を回避しようという傾向は，人間の先天的な欲求であり，損失をこうむることに対して，強い負の感情がともなうことになる．

　このような強い傾向である損失回避性から，選好に関する一見非合理に見えるいくつかの性質が導かれる．そのひとつが「**保有効果**」である．保有効果とは，人がいったん手に入れたものに執着し，それを高く評価することである．多くの人にとってこの傾向があることは，次のような簡単な実験で確かめられている．3つのグループを作る．第1グループにはマグカップを渡し，それを自分のものにしてもよいし，同額のチョコレートバーと交換してもよいとする．第2グループは，チョコレートバーを与えられるが，マグカップと交換してもよい．第3グループは，どちらか好きな方を選んで与えられる．結果は，第1

グループでは，約90％が最初に与えられたマグカップを保持することを選び，第２グループでは約90％がチョコレートバーを選んだ．第３グループの選択は半々であった．この実験の結果分かることは，最初に渡されて，自分のものにすることができた品物を高く評価するということである．どちらか一方がより魅力的でないことは，第３グループの選択からわかる．したがって，自分が保有していることが，それに対する選好を高めるということである．このような傾向を保有効果という．

損失回避性から「**現状維持バイアス**」という性質が導かれる．これは，人が現在の状態（現状）からの移動を回避する傾向のことである．現状が特に回避すべき状態でないかぎり，現状からの変化は，良くなる可能性と悪くなる可能性がある．そこで損失回避性が働けば，現状維持に対する傾向が強くなる．

さらに「**初期値効果**」と呼ばれる事態も生じる．たとえば，EU 諸国を見ると，臓器提供に同意した人が多い国（スウェーデン，オーストリアなどが90％以上）と少ない国（ドイツ，イギリスなどが15％程度）にはっきりと分かれている．この原因は，意思が低い国では，臓器提供の意思表示をしない限り提供者とはみなされないが，逆に高い国では，臓器提供をしないという意思表示をしない限り，提供の意思があるとみなされるという初期設定の違いにあるといわれている．どのような初期設定がなされるかによって，人の意思や行動が変わってしまうのである．

## (2) フレーミング効果

本質的に同一の選択肢であっても，表現や提示の方法が異なると選択結果が異なることを「**フレーミング効果**」という．フレーミング効果は，標準的経済学で前提とされている選択の不変性が満たされないことになる．

トヴェルスキーとカーネマンは実験参加者に次のような質問を行なった[6]．

---

**質問１** アメリカ政府が，600人は死ぬと予想されるきわめて珍しいアジアの病気を撲滅しようとしている．そのために２つのプログラムが考えられた．どちらがより望ましいか．

> A：200人助かる
> B：確率1／3で600人助かり，2／3で誰も助からない．
> 質問1′（問題設定は同一）
> C：400人死ぬ
> D：確率1／3で誰も死なず，2／3で600人死ぬ．

　この質問は，本質的には同一であることに注意しよう．しかし，実際の各選択肢の選択者はそれぞれ A：72％，B：28％，C：22％，D：78％であった．質問1では，「助かる」という表現がなされているため，実験参加者には利得と受け取られ，リスク回避的な選択がなされた．一方，質問1′では，「死ぬ」という否定的表現がされているために，損失と受け取られ，リスク追求的となったと考えられる．このように同一の内容の問題であっても，提示の仕方によって選択が異なってしまうのである．

　フレーミング効果のひとつとして，経済にとって大きな影響が及ぼされると考えられるのが，「**貨幣錯覚**」といわれる現象である．貨幣錯覚とは，人びとが金銭について評価をする場合に，実質値ではなく名目値に基づいて判断するため，実質・名目の表わし方によって，選択が異なることをいう．たとえば，賃金に関する人びとの判断は，貨幣錯覚を起こしやすい．名目値とは額面のことであり，実質値とは額面の価値（名目値）からインフレ率を除いた値である．たとえば，年収が100万円から110万円に上がったとしても，インフレ率が10％であったら，実質的な昇給率はゼロである．しかし，どちらを選択するかを質問すると，多くの人は，名目値110万円の方を選択することが確かめられている．すなわち，人は貨幣錯覚を起こしやすいのである．

### (3) メンタル・アカウンティング

　セイラーは，人びとが金銭に関する決定を行なう場合には，さまざまな要因や選択肢を総合的に評価して合理的に決めるのではなく，比較的狭い枠組み（フレーム）を作り，そのフレームにはめこんで決定を行なうと主張する[7]．そのようなフレーミングは，企業の経理帳簿や家庭の家計簿になぞらえて「**メンタル・**

アカウンティング（心の家計簿，心理的勘定体系）」と呼ばれる．メンタル・アカウンティングは，人びとが金銭に関する行動を評価し，管理し，記録するために用いる心理的な操作のことであり，無意識になされることが多い．

メンタル・アカウンティングの例として，トヴェルスキーとカーネマンは次のような質問を行なった．[8]

> 質問2　当日券が50ドルのコンサート会場でチケットを買おうとしたところ，50ドル札を失くしたことに気づいた．50ドル出して当日券を買うか？
> 質問2′　前売り券を50ドルで買ってコンサートに行ったところ，このチケットを失くしたことに気づいた．50ドル出して当日券を買うか？

多くの人が質問2では「はい」，質問2′では「いいえ」を選んだのではないだろうか．トヴェルスキーとカーネマンの実験では，「はい」と答えたのは，質問2では88％，2′では46％であった．両方とも50ドルの価値のあるものを失ったことに変わりないのに，答えが分かれたのは，メンタル・アカウンティングによって説明できる．コンサートのチケットを買うという行為は，たとえば「娯楽費」という項目に含まれていて，現金50ドルはこの項目の収支に影響を与えない．一方，質問2′の状況では，同一のコンサートに計100ドルを支払うことになるから，娯楽費としては高すぎるから支出がためらわれたのだと考えられる．

このようなメンタル・アカウンティングの使用は，標準的経済学で前提とされている貨幣の代替性（ファンジビリティ）に反することになる．貨幣の代替性とは，「貨幣には色がついてない」といわれることもあるが，どんな経過を経て得た貨幣でも，どんなことに出費されても，同じお金なのだから，完全に他の用途に変更（代替）可能であるという意味である．合理的行動のためには必要な原則であるが，実際には，メンタル・アカウンティングによって異なる行動が導かれることになる．

## (4) アンカリング効果

　人は何かを判断し，選択するときに，あらかじめ基準が与えられていると，判断がその基準に引きずられることがわかっている．その基準が判断に関係することであれば，ごく当然のことということができるが，基準がもともとの問題とは無関係な数値であっても，それは影響を及ぼす．この基準は船の錨のような役割を果たすことから，「アンカー」と呼ばれる．そして，心のアンカーに引きずられて，判断や予想が合理的とはいえなくなることを，「**アンカリング効果**」という．

　筆者は，学生を対象に次のような質問をした．ベートーベンが生涯に作曲したのは何曲か？　この見積もりを答えてもらう前に，まず，各自自分の学生番号の下3桁を書いてもらった．作曲数の見積もりが，学生番号とは何の関係もないことは明らかであり，実験参加者も，自分の見積もりは学生番号に影響されないと答えた．しかし，学生番号が小さい方（81名）は平均340曲の見積もりだったのに対し，大きい方（82名）は平均570曲であった．こんな無関係な数値にも判断が影響されてしまうのが，アンカリング効果の恐ろしさである．

　アンカリング効果はマーケティングにおいて，しばしば用いられる．値札に希望小売価格や定価が書かれ，それが二本線で消されてその下に売値が書かれていることがある．たとえば，定価8000円が消されて売値6000円となっていれば，2割以上安いという判断がなされ，消費者は買いやすくなる．

　このようなアンカリング効果については，多くの実験や実証研究が行なわれている．たとえば，不動産価格の見積もりについて，不動産取引の専門家さえ，無作為に選ばれた数値に影響されていることがわかっている．裁判官の懲役の判断は，検察官の求刑に大きく依存することもある．人を判断するときに，その人の第一印象が大きな影響を及ぼすことはよく知られているが，この現象もアンカリング効果の現われである．

## (5) サンクコスト効果

　もうすでに投資してしまって，回収不能な費用を「サンクコスト（埋没費用）」という．合理的な意思決定のためには，サンクコストを無視して，その後の選択を行なうべきである．しかし，人間は無視すべきサンクコストに影響されて

合理的な選択ができないことがよくあるというのが，「**サンクコスト効果**」であり，きわめて強い影響力を持つことがわかっている．この場合のコストには，金銭ばかりでなく，時間や労力も含まれる．

たとえば，スポーツ・クラブの会費を払ってしまったら，体調が少し悪くても無理して通ってしまう．バイキング料理で一定の金額を払ったら，元を取ろうとして無理して食べるということがあろう．どちらもいったん支払ってしまったらもう取り戻すことのできない費用である．今後どう行動すべきかを合理的に決定するには，サンクコストは無視しなければならない．しかし，この例が示すように，人はサンクコストに強く影響されてしまうのである．

このような個人のレベルとは別に，サンクコスト効果は企業の意思決定や政府の政策決定にも多大な影響を及ぼしている可能性がある．たとえば，英仏共同開発の超音速旅客機"コンコルド"は，開発途中で大幅に経費がかかり，完成しても採算がとれる見込みはなかった．それにもかかわらず，もうすでに多額の開発費を投資したから途中でやめるとのは無駄であるという理由で開発が強行されたのである．その結果，就航したものの故障や不具合も多く事故も起き，結局予定より早く運航は中止された．サンクコストにとらわれ不合理な決定がなされた好例である．このため，サンクコスト効果は「コンコルド効果」と呼ばれることもある．公共事業においても，将来の採算性が悪い，環境破壊をもたらす，当初もくろんだ目的が達成されないのが分かったなどの理由で即刻中止すべきなのに，事業が継続されている事例があるのではないだろうか．

### (6) 選択肢の過剰

経済学や意思決定理論では，人びとが自由に選べる選択肢の数は多ければ多いほど人びとの満足も大きいという前提がまったく暗黙に置かれているが，はたしてこれは成り立つのだろうか．

この疑問に対して，心理学者が面白い実験を行なった[9]．彼らは，スーパーマーケットで，6種類のジャムと24種類のジャムをそれぞれセットにしてテーブルに並べ，買い物客に割引券を渡して試食してもらった．陳列テーブルのある通路を通りかかった客のうち，40%の客が6種類のジャムの陳列を訪れ，60%の客が24種類のジャムの陳列を訪れた．つまり，24種類のジャムの方が魅力的な

のである．しかし，6種類のジャムを試食した客のうち30％が実際に購入したが，24種類のジャムから購入したのは，3％に過ぎなかった．消費者は多様な選択肢が用意されている方に魅力を感じるが，結局，選択肢が多すぎると決定ができないのである．自分が把握するのが可能な範囲内で選択することが選択者にとっては望ましく，過剰な選択肢があると後で選ぶのを間違えたのではないかという後悔や失敗の感覚にとらわれるのを恐れ，選択そのものを回避する傾向があるのではないかと考えられる．

　行動経済学者のバリー・シュワルツは，このように選択肢が多すぎてかえって満足が低下する現象を「**選択のパラドックス**」と呼ぶ[10]．選択肢が多ければ多いほど自由に選べる可能性が広がり，人びとの充実感はより大きくなるはずだという信奉が現代社会にはあり，自由主義思想とも結びついて世間を席巻しているが，シュワルツはこれは幻想だと言う．選択肢が多いことは幸福度や満足度を高めるどころか，かえって低下させてしまうのだ．

# 5　時間選好

　ダイエットや禁煙をしようと思ったのに，つい目の前のケーキに手を伸ばしたり，一服つけてしまうことはよくある．1ヶ月前には簡単にできると思っていたのに，締切り直前に慌てることもある．環境問題や年金制度のように，現在だけでなく，次世代に影響を及ぼす公共政策上の大問題もある．このような問題を考えるためには，時間が効用や意思決定に及ぼす影響について考察する必要がある．

　このように，決定の時点と利得や損失を受ける時点が異なるような選択は「**異時点間の選択**」といわれる．異時点間の選択はどのようになされて，どのような特徴があるのだろうか．

### (1)　指数割引・双曲割引

　標準的経済学では，金銭や財の現在の価値とその将来の価値の関係は，次のような式で与えられる．

$$\text{現在価値} = \frac{\text{将来の名目価値}}{(1+\text{割引率})^d}$$

ここで，dは時間の経過を表わしており，たとえば1年後はd=1，2年後はd=2……である．この式では，どんな対象であっても，また時間的に近くても遠くても割引率は一定であるとされている．この式のように現在価値が割引率の指数関数で表わされるため，このタイプの割引方法は「**指数割引**」と呼ばれている．

これに対して，割引率は一定ではなく，対象の種類や時間的な距離によって異なることが，多くの実証例で確かめられている．このことを考慮に入れて，行動経済学では，割引率が時間の経過とともに減少するような割引方法を定式化した．それが「**双曲割引**」と呼ばれる方式であり，もっとも簡単には次式で表わされる．

$$\text{現在価値} = \frac{\text{将来の名目価値}}{1+d}$$

この式ではdは時間の経過を表わしているため，時間の経過とともに減少することが表わされている．

図8-3には，指数割引と双曲割引の典型例が示されている．図から分かる

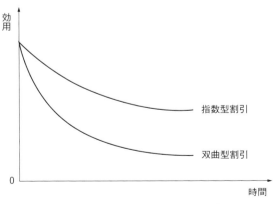

図8-3　時間の経過と2つの割引型

ように，双曲割引の特徴は，現在を特に重視することである．評価対象の価値は，時間が少し遅れることによって大きく減少する．このように人びとが現在を重視することは「**現在志向バイアス**」といわれる．また，ほんの少し先になっても大きく割引かれるので，人の「不忍耐」とか「せっかち」な性向を表わしていると考えられる．

人びとの割引行動が双曲型であるなら，図 8-4 のような選好の逆転現象が生じうる．将来の大きな利得（たとえば健康）よりも目先の小さな利得（たとえばケーキ）を選んでしまう傾向はよく見られる．図 8-4 には，将来の小さな利得 A とさらに将来の大きな利得 B のそれぞれの時点での効用と，それらの割引された現在価値が示されている．最初は B の効用が大きく A の効用は小さいが，時間が経って A が現実になることが目前になると，効用の大小が逆転して A が B より大きくなる．人びとの選好が時間の経過とともに変化することを意味しているので，この現象は「**時間的非整合性**」と呼ばれている．まさに，日常によく生じる，「やらなければならないのに，先延ばししてしまう」という傾向を表わしている．

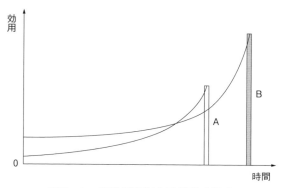

図 8-4　双曲型割引と時間的非整合

## (2) ピーク・エンド効果

異時点間の選択を考える際に重要なテーマをもうひとつ考えてみよう．それ

は，時間の経過が人の効用判断に及ぼす影響についてである．過去の出来事の経験や記憶が，将来の同様の出来事に対する選好に，すなわち現在の意思決定に影響を及ぼすことは明らかである．以前に食べて美味しいと感じた食品をまた食べようと思うのはごく当然である．

そこで，カーネマンらは，人が過去に財の消費から得た効用や出来事の快不快をどの程度記憶していて，どのように評価するかについて調べた．[11]たとえば，結腸鏡を用いた検査を受けている実際の受診者に対して，苦痛の程度や検査全体の印象を調査した．それによると，検査全体の印象は，もっとも苦痛が大きいときと，検査の最後の3分間の苦痛の平均的な程度に左右された．さらに，検査時間の長さは検査の評価とは無関係であった．その結果，受診者は苦痛がもっともひどいときと，最後の数分間の苦痛の記憶が検査全体の印象を決めていることがわかった．そこでこの特徴は「**ピーク・エンド効果**」といわれる．経験の印象が検査時間の長さには無関係であるという特徴は，「**持続時間の無視**」と呼ばれている．

彼らの実験や観察は痛みや不快感といった感情的な刺激に対する評価であったが，より客観的評価ができるはずの金銭的利得の評価に関しても同様に，ピーク・エンド効果が生じることが実験的に確かめられているのは興味深い．[12]

### (3) 決定効用と経験効用

カーネマンは，実際に快不快の経験から得られる効用を「**経験効用**」と呼び，出来事を記憶によって評価するときに用いられる効用を「**記憶効用**」と呼んで両者を区別した．[13]この区別が意味を持つことは前述の通りである．人は，実際に経験した効用と，その記憶による効用とは異なるのである．そして実際に何を買うか，何を食べるか，どれだけ貯蓄するかといった将来に関する意思決定では，将来の自分が得るであろう効用を予測しなければならない．この効用の予測は意思決定のために必要であるから「**決定効用**」と呼ばれる．そして，決定はしばしば過去の出来事で得た記憶効用に基づいて行なわれるから，将来自分が得る経験効用とは異なる恐れがある．カーネマンはこのような効用概念の分類は，標準的経済学に対する新たな挑戦であるという．つまり，標準的経済学では，自分の経験した，あるいは経験するであろう消費や出来事から得られ

る効用を正確に把握しており，それに基づいて将来の意思決定を行なうことが暗黙に仮定されているが，そのことは成立しないと言うのである．

## 6 社会的選好

標準的経済学では，人はもっぱら自己利益のために行動すると仮定されている．しかし，現実には，ボランティアや寄付は広く見られる行動であるし，自己を犠牲にして他人を助けることもある．他者との協力行動がなければ，経済や企業はまったく機能しないし，見知らぬ人や初めて取引する企業を信頼しなければ経済取引のみならず社会生活そのものが成立しなくなる恐れがある．

自分自身だけでなく他者の利得をも考慮に入れる選好を，「**社会的選好**」という．社会的選好の性質とそれが協力や信頼にどんな影響を及ぼすのかを考察することは重大なテーマである．

### (1) 行動ゲーム理論

このような社会的選好を考察するためには，他者と自己の利益が相互依存関係にあるような状況を考えなければならない．そのために有効な分析道具がゲーム理論である．通常のゲーム理論では標準的経済学と同じく，プレイヤーの合理性と利己性が前提とされている．しかし，ゲーム状況における実際の人間の行動を考えるためには，それらの仮定をはずさなければならない．そのような主体をプレイヤーとするゲーム理論は「**行動ゲーム理論**」と呼ばれ，最近急速に進展している分野である．行動ゲーム理論では，実験参加者に実際にゲームをプレイしてもらい，その結果を分析することが多い[14]．

まず「最終提案ゲーム」というゲームを取り上げよう．このゲームでは，プレイヤーAが提案者，プレイヤーBが応答者と呼ばれ，Aは，自分が持つ一定額（たとえば1000円）の中から，Bにいくら渡すのかを提案する．Bがその提案を受諾すれば，提案通りに分配されてゲームは終了する．Bがその提案を拒否すれば，どちらもゼロの結果となる．このゲームではどのような結果が生じるであろうか．通常のゲーム理論による予測では，Bはゼロ以外のどんな提案も受諾する．なぜならたとえ少額であっても，ゼロよりはよいからである．

Aはそれを予想するから，自分の利得を最大化すべく1円を提案し，Aは999円，Bは1円の利得を得てゲームは終了することになる．

　実際にはどうだろうか．このゲームは簡単なため，多くの研究が行なわれている．多数の実験でほぼ共通の結果は，提案額の平均値は初期額の45％程度，最ひん値は50％である．30％以下の提案のうち半数は応答者によって拒否されている．月収の3ヶ月分もの多額の初期額で実験が行なわれたこともあったが，結果は同様であった．

　このゲームでのプレイヤーの行動要因は何であろうか．ひとつは提案者の公正に対する選好である．50％ずつの提案がこれを示している．また，提案者は，応答者が拒否しないであろう最低額を予想して，それを提示しているとも考えられる．その場合でも，提案者は応答者が少額の金額でも受け入れるという合理的な行動をとらないことを予想しているのである．応答者の方は，不公正と思われる提案を拒否する．これは，不公正に対する怒りのような感情的な反応ととらえることもできるし，提案者のみが多額の利得を手に入れることに対する嫉妬という感情かも知れない．

　さらに，人類学者や生物学者がさまざまな地域の多くの民族に対してこのゲーム実験を行なっている[15]．それによると，経済発展の程度や，市場取引の経験などによって多少の違いはあるものの，上述とほぼ同様な結果が得られている．少なくとも，標準的ゲーム理論が想定するような利己的な行動をとる者はいなかった．

## (2) 協力

　社会における**協力**関係の様子を調べるために，「**公共財ゲーム**」と呼ばれるゲームがしばしば用いられる．このゲームは，数人たとえば4人でグループを作り，各人に初期額（たとえば1000円）が与えられる．各人は，1000円のうちのいくらをグループ（公共）のために支出するかを決定する．実験者は，各人の公共への貢献額を数倍（たとえば2倍）して，それを全員に均等に分配する．たとえば全員が400円ずつ貢献したとすると，合計1600円の2倍，つまり3200円の4等分，1人当たり800円が各人に分配される．各人は初期額の残りの600円と合わせて1400円を手にすることになる．これは，純プラスである．自分が

まったく貢献せずに他の3人が全額出せば，自分の取り分は2500円になるから，ただ乗りは魅力的である．逆に，自分が全額出したのに，他の人がただ乗りすると，自分の取り分は500円となってしまい，初期額より少なくなる．つまり，自分の利得が多くなることをもくろんで貢献しても意味がないことになり，誰もがただ乗りする誘引を持つ．一方，全員が全額を貢献すれば，各人の利得は2000円となり，ただ乗りがいる場合より大きくなる．

　公共財ゲームは，ちょうど，皆で力を合わせて仕事をすれば大きな成果が得られるが，誰もが他人の働きに期待してただ乗りしようという誘惑があるような状況を表わしている．また，環境問題，共有地の悲劇なども同じ構造の問題であるから，経済学だけでなく，広く社会で見られる状況である．また，公共財ゲームは，よく知られた囚人のジレンマの多人数バージョンであるから，「社会的ジレンマ」と呼ばれることもある．

　このゲームを標準的ゲーム理論の範囲で考えると，誰もがただ乗りするという結果が予測できる．

　公共財ゲーム実験は数多く実施され，およそ次のような結果が得られている．公共財ゲームを毎回違うメンバーと10回繰り返して行なうと，初回は，平均して初期額の30〜40％が貢献するという協力行動が見られる．しかし，協力の程度は次第に減少し，10回目には10％程度にまで落ち込む．また，同じメンバーと繰り返す場合にも，最初の貢献額は50％程度であるが，協力は次第に減少し，最終回では約15％に減少する．

　この実験結果は何を示唆しているだろうか．まず，すべての人が常に利己的な行動をとるわけではないということである．逆に純粋に利他的な人もいない．そして，協力関係は，放っておけば崩壊してしまうもろいものだということである．

　公共財ゲームにおける行動パターンはどうだろうか．行動経済学者の研究によると，約半数は他の人も協力するなら自分も協力するという「条件つき協力者」であったが，約30％はフリーライダーであった[16]．また，自分以外のメンバーの貢献額が多くなると，各人の貢献額も多くなる．つまり多くの人は他の人が協力的ならば自分も協力するという「条件つき協力者」なのである．

　協力はどうすれば増えるだろうか．協力行動をしなかった者に処罰を与える

ことができるようにしたり，行動に関する評判を流すといった仕組みを導入すると，当然のことながら協力は増加する．

### (3) 信　頼

　社会や経済において「信頼」の果たす役割は強調しすぎることはない．ここで「信頼ゲーム」という実験ゲームについて見てみよう．このゲームはやはり2人で行なう．プレイヤーAは初期額（たとえば1000円）から，その中からいくらか拠出するのか決定する．実験者はそれをたとえば3倍にしてプレイヤーBに渡す．Bはその中から任意の額をAに戻してゲームは終了する．プレイヤーAの最初の拠出額が300円だったとする．すると，Bには900円が渡される．Bが400円返せば，Aの最終利得は1100円，Bのそれは500円となる．このゲームにおいても，標準的ゲーム理論の予想では，Bは1銭も返さず，Aもそれを知っているから，1銭も拠出しないことになる．ところが実際には，Aは初期額の50%程度拠出し，Bは受け取った額の30〜40%をAに戻す行動が見られる．

　このゲームにおける，Aの暗黙の考え方はまさに，Bを信頼しているということができる．Bがいくらか返してくれるだろう，なぜなら，そうするのが社会規範に従っているからだという期待である．Bの行動は信頼に応えるということができる．信頼し，信頼に応えることで，両者とも利得を増やすことができるのだ．信頼という，経済社会を円滑に運行させていくための不可欠の要因に関して分析することができる．

## 7　インセンティブ

### (1)　内発的モチベーションと外発的インセンティブ

　人はなぜ仕事をするのだろうか？　お金を稼ぐため？　仕事が面白いから？　そうするのが義務とか自然なことだから？　なぜ人のためにボランティアをしたり，寄付や献血をしたりするのだろうか？　人の役に立つことが気持ちいいから，感謝されるのが嬉しいから，社会の慣習や規範に従っただけ……？　仕事に限らず，人が行動するにはさまざまな理由が考えられる．

経済学は**インセンティブ**の学問だといわれることがある．人はインセンティブに反応して動くから，経済学の目的は，人が組織や社会にとって適切な行動をとるように，効果的にインセンティブを設定することだという意味である．しかし，インセンティブという言葉が示すように，もっぱら外発的な，しかも金銭的な動機づけだけを重視する．楽しいからするとか，規範だからするという理由を否定するわけではないが，基本的には人はお金で動くと考えるのである．また，人にある活動をより多くさせようとする場合には，インセンティブを与え，活動を抑制しようとする場合には，負のインセンティブ（罰金）を課せばよいとも考えられている．果たしてこれは正しいのだろうか？　行動経済学は，インセンティブに関しても，標準的経済学とは異なる考え方をする．[17]

　まず，人の行動を生み出す動機づけ（モチベーション）について考えてみよう．モチベーションには，大きく分けて２種類ある．ひとつは，仕事がおもしろいとか趣味に没頭して時間を忘れるといったような，活動そのものが持っている興味，面白さであり，内発的モチベーションと呼ばれる．そうするのが義務だとか，社会的な規範だと考えて行動するのも内発的モチベーションである．もうひとつは，行動することによってその人に外からもたらされる報酬・名誉・地位・評判などを得たり，罰を避けるといったモチベーションであり，外発的モチベーションと呼ばれる．経済や経営の文脈では，外発的インセンティブとか単にインセンティブと呼ばれることが多い．

　人の活動は，内発的モチベーションと外発的インセンティブの両方によって進められる．そこで面白い仕事に対して，金銭的報酬が得られるならば，仕事にいっそう励み，その結果として業績や成果も一段と上がるはずだと考えたくなるが，そうとは限らない．

## (2)　クラウディング・アウト効果

　成果に応じて金銭的報酬を与えるという成果主義は，一時企業によって盛んに用いられた．最近は，公務員や教員にも適用されようとしている．しかし，企業の成果主義は必ずしも企図通りの成功を収めたのではなく，再検討すべきという意見も強い．この原因について考えてみよう．実は，成果報酬のような外発的インセンティブは，内発的モチベーションを阻害する可能性がある．つ

まり，仕事がお金目当てになってしまい，仕事が面白いからとか，義務や規範だからやるといったモチベーションが低下してしまうのである．その結果，成果そのものが低下することもあるのだ．このような，外発的インセンティブが内発的モチベーションを阻害・抑制してしまう現象を「**クラウディング・アウト効果**」すなわち締め出し効果という．

外発的インセンティブによって内発的モチベーションが減少するという，クラウディング・アウト効果が生じることは，多くの実験や研究によって明らかにされている．行動経済学者が行なった次の実験が興味深い[18]．

彼らの最初の実験では，大学生の実験参加者に一種のIQテスト50問を解いてもらった．すべての参加者には固定額の報酬が支払われたが，それにプラスして成績に応じて報酬が支払われた．成果報酬額の違いによって4つのグループに分けられ，第1グループには固定額以外の成果に応じた報酬はないが，残り3グループでは，正答1問につき2.5セント，25セント，75セントがそれぞれ支払われるという条件であった．どのグループの正答率が高いのであろうか？　正答率がもっとも高かったのは報酬25セント・グループであり（平均34.7問），有意な差はなかったが2番目が75セント・グループ（34.1問），次に報酬なしグループ（28.4問），もっともできが悪かったのは2.5セント・グループ（23.1問）であった．

課題を解くこと自体は面白さもあるだろうし，実験に参加しているのだから頑張るのが当然だと思うこともあるし，自分の能力を知りたいという目的もあるだろう．いずれも内発的モチベーションである．それが，報酬が導入されることで変わってしまうのだ．目的が課題を解くことから，報酬を稼ぐことに変わってしまう．そうは言っても報酬が正解一問につきたった2.5セントではやる気が起こらない，もう少しもらえるなら頑張ると考えたに違いない．

次に彼らは，高校生に2人一組となって家を一軒一軒訪ねて，慈善団体への寄付金を集めるという仕事をしてもらった．すべての参加者に参加報酬として固定額のクーポン券が渡され，さらに追加報酬額の大小によって3つのグループに分けられた．第1グループは参加報酬以外の追加報酬はない．第2グループは，参加報酬以外に，集めた募金額の1％が報酬として支払われ，第3グループでは，追加報酬額は集めた募金額の10％であった．あらかじめすべてのグルー

プに対して，募金を集める活動の重要性について十分なレクチャーが行なわれた．

　実験の結果，集めた募金額の平均は，追加報酬なしのグループでは238.6ドル，1％・グループでは153.6ドル，10％・グループでは219.3ドルであった．追加報酬がないグループの集めた募金額がもっとも高く，次いで，高報酬グループ，最低が低報酬グループであった．金銭的インセンティブが，募金を集めるという社会的に意味ある行為の内発的モチベーションを低めたと考えられる．低額の追加報酬があると活動は低下し，報酬がある程度高くなると金銭を得るためにより働くようになったのだ．

　外発的インセンティブはどんな場合にも有効であるという考え方は，経済学者ばかりでなく，世間一般でも広く受け入れられているように見える．しかし，ここで見たようにそのような単純な考え方は危険であり，再検討が望まれる．

# 8　応　　　用

　紙幅の都合で詳しく論じることはできないが，行動経済学は次のようなさまざまな分野に応用可能であり，標準的経済学とは異なる結論が導き出されることが多い．

### (1)　幸　福

　標準的経済学では，所得は多ければそれだけ人びとは幸福であるという暗黙の仮定が置かれていて，**幸福**や生活満足度と言った話題が明示的に取り上げられることは少ない．しかし，日本を始め先進国では，所得増加が必ずしも幸福の増加につながらないという「イースタリン・パラドックス」が生じている．幸福や生活満足度といったテーマは，もともと経済学が取り組むべき課題であったが，標準的経済学は等閑視してしまった．行動経済学が取り組むべき最重要の課題である[19]．

### (2)　リスク

　自然災害や人災が経済社会を脅かしうることは現代社会にとっての大きな問

題である．**リスク**は，（災害発生確率）×（被害の大きさ）と定義できるが，ここで人が感じる確率は客観的なものとは限らず，主観的確率であることが多い．したがって，主観的確率やリスクに対する心理を考察しなければならず，行動経済学の対象となる．また，「安心」と「安全」は異なる概念であり，「安心」とは心理的状態である．さらに，安心するためには，リスク管理者の信頼が重要であるなど行動経済学との関連が深い．リスク政策や災害時の人間行動などを考察する際にも行動経済学が貢献できるだろう[20]．

### (3) マクロ経済学

信頼，安心，公平，汚職，貨幣錯覚などの一般の人びとが持つ合理性を超えた感覚が，所得，失業などのマクロ経済変数に大きな影響を及ぼすことは想像に難くない．行動経済学はミクロ経済学の分野のみならず，マクロ経済学にとっても重要である[21]．

### (4) 経済政策・社会政策

政策とは，人の行動を変えることである．人の行動を適切に変えるためには，人がなぜ，どのように行動するのかの理解が不可欠である．たとえば，アメリカでは，初期設定を操作することで人びとに貯蓄をより多くさせる方策が実施され，効果を挙げている．このような方法は，まさに行動経済学の有効な適用である[22]．

注
1) 行動経済学に関するテキストとしては，大垣・田中（2014），友野（2006）を見よ．
2) 二重プロセス理論については，カーネマン（2012）が詳しく論じている．
3) ヒューリスティックとそれによって生じるバイアスについては，カーネマン（2012），ベイザーマンとムーア（2011）が詳しい．
4) Kahneman and Tversky (1979), Tversky and Kahneman (1992).
5) Kahneman and Tversky (1979), Tversky and Kahneman (1992).
6) Tversky and Kahneman (1986).
7) Thaler (1980).
8) Tversky and Kahneman (1986).
9) Iyenger and Lepper (2000).

10）シュワルツ（2012）．
11）Redelmeier and Kahneman（1996）．
12）Langer et al.(2005)．
13）Kahneman（1994）．
14）行動ゲーム理論については，Camerer（2003）が包括的に論じている．
15）Henrich et al.（2014）．
16）Fischbacher, Gaechter and Fehr（2001）．
17）インセンティブについては，ピンク（2010），ヘーリングとシュトルベック（2012）が詳しい．
18）Gneezy and Rustichini（2000）．
19）幸福の行動経済学については，フライ（2012），大竹他（2010），友野（2016）を参照．
20）リスク認知や安全・安心については，ギーゲレンツァー（2015），友野（2016），中谷内（2008）が詳しい．
21）マクロ経済の行動経済学的分析については，アカロフとシラー（2009）を参照．
22）政策の行動経済学については，セイラーとサンスティーン（2009）を参照．

**参考文献**

アカロフ，ジョージ，ロバート・シラー（山形浩生訳）（2009）『アニマル・スピリット』東洋経済新報社．
大垣昌夫・田中沙織（2014）『行動経済学――伝統的経済学との統合による新しい経済学を目指して』有斐閣．
大竹文雄・白石小百合・筒井義郎（2010）『日本の幸福度』日本評論社．
カーネマン，ダニエル（村井章子訳）（2012）『ファスト＆スロー』早川書房．
ギーゲレンツァー，ゲルト（田沢恭子訳）（2015）『賢く決めるリスク思考』インターシフト．
シュワルツ，バリー（瑞穂のりこ訳）（2012）『なぜ選ぶたびに後悔するのか――オプション過剰時代の賢い選択術』武田ランダムハウスジャパン．
セイラー，リチャード，キャス・サンスティーン（遠藤真美訳）（2009）『実践行動経済学』日経BP社．
友野典男（2006）『行動経済学――経済は「感情」で動いている』光文社．
友野典男（2016）『感情と勘定の経済学』潮出版．
中谷内一也（2008）『安全。でも，安心できない……』筑摩書房．
ピンク，ダニエル（大前研一訳）（2010）『モチベーション3.0』講談社．
フライ，ブルーノ S.（白石小百合訳）（2012）『幸福度をはかる経済学』NTT出版．
ベイザーマン，マックス，ドン・ムーア（長瀬勝彦訳）（2011）『行動意思決定論――バイアスの罠』白桃書房．
ヘーリング，ノルベルト，オラフ・シュトルベック（熊谷淳子訳）（2012）『人はお金だけ

では動かない』NTT 出版.
Camerer, Colin F. (2003) *Behavioral Game Theory: Experiments in Strategic Interaction*, Princeton University Press.
Fischbacher, Urs, Simon Gaechter and Ernst Fehr (2001) Are People Conditionally Cooperative? Evidence from a Public Goods Experiment, *Economics Letters*, vol.71, pp.397-404.
Gneezy, Uri, and Aldo Rustichini (2000) Pay Enough or Don't Pay At All, *Quarterly Journal of Economics*, vol.115, pp.791-810.
Henrich, Joseph, Robert Boyd, Samuel Bowles, Colin Camerer, Ernst Fehr and Herbert Gintis (eds.) (2004) *Foundations of Human Sociality: Economic Experiments and Ethnographic Evidence from Fifteen Small-Scale Societies*, Oxford University Press.
Iyenger, Sheena S. and Mark Lepper (2000) When Choice is Demotivating: Can One Desire Too Much of a Good Thing?, *Journal of Personality and Social Psychology*, vol.76, pp.995-1006.
Kahneman, Daniel (1994) New Challenges to the Rationality Assumption, *Journal of Institutional and Theoretical Economics*, vol.150, pp.18-36.
Kahneman, Daniel and Amos Tversky (1979) Prospect Theory: An Analysis of Decision under Risk, *Econometrica*, vol.47, pp.263-291.
Langer, Thomas, Rakesh Sarin and Martin Weber (2005) The Retrospective Evaluation of Payment Sequences: Duration Neglect and Peak-and-End Effects, *Journal of Economic Behavior and Organization*, vol.58, pp.157-175.
Redelmeier, Donald A. and Daniel Kahneman (1996) Patients' Memories of Painful Medical Treatment: Real-Time and Retrospective Evaluations of Two Minimally Invasive Procedures, *Pain*, vol.66, pp. 3 - 8.
Thaler, Richard H. (1980) Toward a Positive Theory of Consumer Choice, *Journal of Economic Behavior and Organization*, vol. 1, pp.39-60.
Tversky, Amos and Daniel Kahneman (1986) Rational Choice and the Framing of Decisions, *Journal of Business*, vol.59, pp.251-278.
Tversky, Amos and Daniel Kahneman (1992) Advances in Prospect Theory: Cumulative Representation of Uncertainty, *Journal of Risk and Uncertainty*, vol. 5, pp.297-323.

《執筆者紹介》（＊は編著者）

| | | |
|---|---|---|
| 晝間 文彦 | 早稲田大学 名誉教授 | [第1章] |
| 水野 勝之 | 明治大学商学部 教授 | [第2章] |
| 土居 拓務 | 林野庁北海道森林管理局 森林官<br>明治大学 客員研究員 | [第2章] |
| 八木 尚志 | 明治大学政治経済学部 教授 | [第3章] |
| ＊金子 邦彦 | 明治大学情報コミュニケーション学部 教授 | [第4章] |
| 塚原 康博 | 明治大学情報コミュニケーション学部 教授 | [第5章] |
| 黒木 龍三 | 立教大学経済学部 教授 | [第6章] |
| 黒川 洋行 | 関東学院大学経済学部 教授 | [第7章] |
| 友野 典男 | 明治大学情報コミュニケーション学部 教授 | [第8章] |

《編著者紹介》

金子 邦彦（かねこ くにひこ）
  1970年3月　明治大学商学部商学科卒業
  1970年4月　明治大学大学院商学研究科修士課程，博士課程を修了し，
  1976年4月より明治大学専任助手，専任講師，助教授を経て，
  1986年4月　明治大学教授
  1990年　　　商学博士
  現在，明治大学情報コミュニケーション学部教授
  日本金融学会常任理事を経て，2010年4月より日本金融学会幹事

主要著書
  単著『現代マネタリズムの二つの潮流』東洋経済新報社，1989年
  共著『エレメンタル近代経済学』英創社，1994年
  共著『金融論』八千代出版，1996年
  共著『金融市場の構造変化と金融機関行動』東洋経済新報社，2001年
  共訳『ベネット・マッカラム　マクロ金融経済分析』成文堂，1997年
  共訳『アラン・メルツァー　ケインズ貨幣経済論』同文舘，1997年

エレメンタル現代経済学

| 2016年10月10日　初版第1刷発行 | ＊定価はカバーに |
| 2017年9月15日　初版第2刷発行 | 表示してあります |

| 編著者の了解により検印省略 | 編著者 | 金 子 邦 彦 © |
| | 発行者 | 川 東 義 武 |
| | 印刷者 | 河 野 俊一郎 |

発行所　株式会社　晃 洋 書 房
〒615-0026　京都市右京区西院北矢掛町7番地
電　話　075(312)0788番(代)
振替口座　01040-6-32280

ISBN 978-4-7710-2740-4　　印刷・製本　西濃印刷㈱

JCOPY 〈㈳出版者著作権管理機構 委託出版物〉
本書の無断複写は著作権法上での例外を除き禁じられています．
複写される場合は，そのつど事前に，㈳出版者著作権管理機構
（電話 03-3513-6969, FAX 03-3513-6979, e-mail:info@jcopy.or.jp）
の許諾を得てください．